Manual de escritura para los estándares comunes

ton

court

GRADO

5

Photo Credits

Placement Key: (r) right, (l) left, (c) center, (t) top, (b) bottom, (bg) background

Front cover (cl) PhotoAlto/Getty Images; (tr) Photodisc/Getty Images; (bl) Photodisc/Getty Images; (cr) Comstock/Getty Images; (bc) Image Source/Getty Images.

Back cover (tl) Photodisc/Getty Images; (cl) Photodisc/Getty Images; (cr) Comstock/Getty Images; (br) Adobe Image Library/Getty Images.

Printed in the U.S.A.

ISBN: 978-0-544-23117-7

7 8 9 10   2331   22 21 20 19 18

4500711160   A B C D E F G

Contenido

Contenido

Modelos y formas de escritura

Cómo usar este libro

La escritura es una gran herramienta. Puede ayudarte a resolver problemas y a expresarte. Por ejemplo, se usa para concretar una idea o desarrollar un punto de vista. Este manual te ayudará a descubrir maneras de usar correctamente esta herramienta.

¿Qué es un manual?

Si la escritura es una herramienta, entonces este manual es un instructivo. Contiene definiciones claras, estrategias, modelos y práctica clave. Consulta estas páginas tanto como puedas antes, durante y después de la escritura.

Secciones de este libro

Este manual tiene tres secciones:

1 **Formas de escritura:** Definiciones, etiquetas y modelos clave de formas de escritura

2 **Estrategias de escritura:** Ideas y métodos para usar en cada tipo de escritura

3 **Modelos y formas de escritura:** Modelos de buena escritura

Cómo buscar información

Busca información en este libro de dos maneras:

- **Usa la página de contenido:** Busca la sección que necesitas y luego ve a la entrada que concuerde más con el tema que quieres.

- **Usa las pestañas que están en la parte superior izquierda de cada página.** Los nombres de las pestañas cambian con cada sección. Puedes ir a las secciones que te interesan y examinar rápidamente la información que buscas.

Propósitos para escribir

Antes de comenzar a escribir, piensa en tu propósito. Tu **propósito** es la razón principal por la que escribes. Los cuatro propósitos más importantes para escribir son informar, explicar, narrar o persuadir.

● Informar

Informar significa compartir o mostrar información. La escritura informativa brinda datos y detalles. Algunos ejemplos de la escritura para informar incluyen informes, párrafos informativos, informes noticieros e instrucciones.

● Explicar

Explicar significa hablar de un tema describiendo *qué, por qué* y *cómo*. Puedes explicar un tema con cualquier tipo de escritura. Algunos tipos de escritura para explicar son instrucciones, párrafos con instrucciones, informes de observación científica y explicaciones.

● Narrar

Narrar significa contar una historia, ya sea real o inventada. Algunos ejemplos de escritura narrativa incluyen relatos personales, cuentos y obras de teatro.

● Persuadir

Persuadir significa convencer a alguien para que esté de acuerdo con una opinión o para que haga algo. Algunos ejemplos de la escritura para persuadir incluyen párrafos de opinión, ensayos persuasivos y reseñas de libros o películas.

Comprender la tarea, el público y el propósito (TPP)

Además de elegir el propósito para escribir, debes considerar a tu **público**, o para quién escribes. Por ejemplo, es posible que elijas ciertas palabras cuando le escribes una carta a un amigo y que elijas otras palabras para escribirle una carta al editor de un periódico.

Una vez que conoces tu propósito y tu público, puedes elegir tu **tarea**, o forma de escritura. Por ejemplo, si quieres compartir información con tu clase sobre algo que investigaste, quizás quieras escribir un informe, un ensayo o una presentación multimedia.

Antes de comenzar a escribir, es buena idea decidir cuál es tu tarea, tu público y tu propósito, o **TPP**. Tu maestro puede darte tu TPP para una asignación. Algunas veces decidirás por tu cuenta.

Hazte estas preguntas.

Tarea: ¿Qué estoy escribiendo?

¿Quiero escribir una carta, un poema u otra cosa?

Público: ¿Para quién estoy escribiendo?

¿Estoy escribiendo para un maestro, un niño más pequeño, un amigo, para mí o para alguien más?

Propósito: ¿Por qué estoy escribiendo?

¿Estoy escribiendo para persuadir a alguien, dar información o por otra razón?

El proceso de escritura

Escribir es como hacer un dibujo. Ya sea que dibujes o escribas, enfrentas el mismo desafío. Tienes que hallar la forma adecuada para la idea que quieres expresar. Los artistas casi nunca están satisfechos con el primer bosquejo. Por lo general, comienzan a hacer cambios inmediatamente. Pueden agregar un detalle aquí o cambiar un color allá. Incluso pueden desechar completamente el primer bosquejo. No hay una manera correcta de trabajar. La única "regla" es que el producto terminado debe ser el mejor que puedas hacer.

El proceso de escritura te ayuda a retroceder o avanzar entre las diferentes etapas mientras estás escribiendo. Puedes volver a cualquiera de las etapas del proceso en cualquier momento.

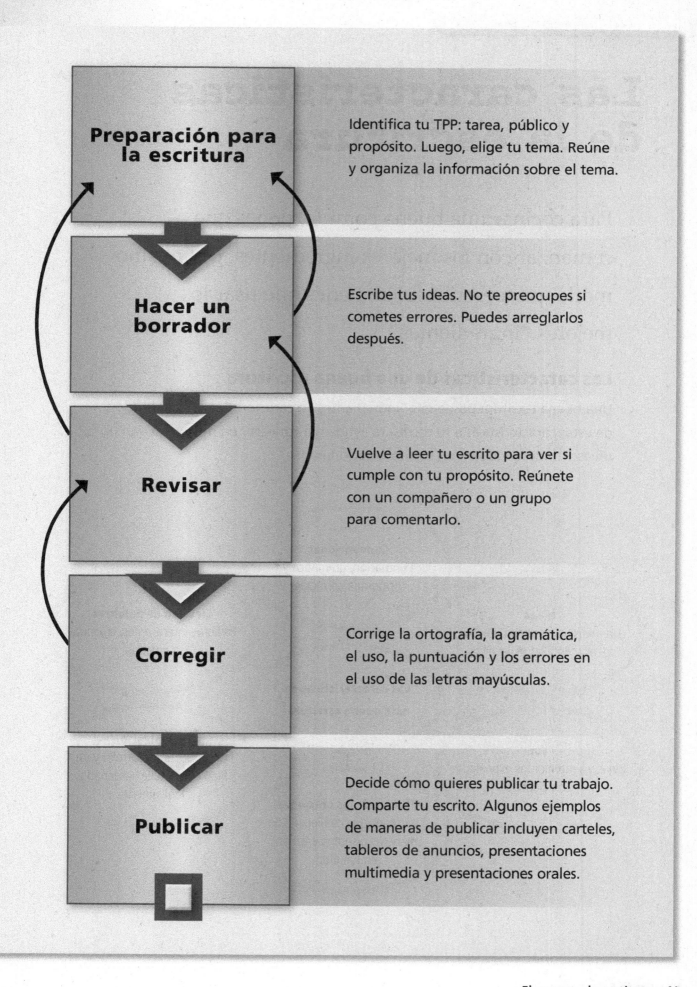

Preparación para la escritura

Identifica tu TPP: tarea, público y propósito. Luego, elige tu tema. Reúne y organiza la información sobre el tema.

Hacer un borrador

Escribe tus ideas. No te preocupes si cometes errores. Puedes arreglarlos después.

Revisar

Vuelve a leer tu escrito para ver si cumple con tu propósito. Reúnete con un compañero o un grupo para comentarlo.

Corregir

Corrige la ortografía, la gramática, el uso, la puntuación y los errores en el uso de las letras mayúsculas.

Publicar

Decide cómo quieres publicar tu trabajo. Comparte tu escrito. Algunos ejemplos de maneras de publicar incluyen carteles, tableros de anuncios, presentaciones multimedia y presentaciones orales.

Las características de la escritura

Para cocinar una buena comida, tienes que comenzar con los mejores ingredientes. Del mismo modo, para escribir bien, tienes que usar los mejores "ingredientes".

Las características de una buena escritura

Una buena escritura posee seis "ingredientes" o características. ¡La aplicación de estas características a tu escrito te ayudará a convertir en muy poco tiempo un escrito desabrido en un escrito emocionante!

Convenciones
Puntuación, gramática y ortografía correctas

Ideas
Un mensaje claro con muchas ideas y detalles específicos

Elección de palabras
Palabras interesantes, coloridas y precisas

Las características de una buena escritura

Voz
Ideas y sentimientos expresados con claridad

Organización
Un inicio, un desarrollo y un final con detalles ordenados lógicamente

Fluidez de las oraciones
Oraciones que comienzan de maneras distintas y varían en longitud

Lista de control de las características

A medida que practicas la escritura, hazte estas preguntas.

☑ **Ideas**	¿Elegí un buen tema? ¿Mis ideas se corresponden con el tema? ¿Tengo muchos datos y ejemplos?
☑ **Organización**	¿Mis detalles están organizados de manera efectiva? ¿Mi escritura tiene un orden lógico? ¿La organización se corresponde con mi TPP?
☑ **Voz**	¿Se corresponde mi voz con mi propósito? ¿Incluí palabras que hacen interesante mi escritura?
☑ **Elección de palabras**	¿Usé palabras claras, vívidas e interesantes?
☑ **Fluidez de las oraciones**	¿Mis oraciones fluyen en conjunto? ¿Comencé las oraciones de diversa manera? ¿Varié la longitud de mis oraciones?
☑ **Convenciones**	¿Son correctas mi ortografía, mi gramática, mi uso de las letras mayúsculas y mi puntuación?

Cuento corto

Un **cuento corto** es un escrito corto de ficción que generalmente se enfoca en pocos personajes y en un solo suceso.

 ## Partes de un cuento corto

- Un inicio que presenta los personajes principales y el escenario
- Un desarrollo que muestra cómo reaccionan los personajes a un problema
- Diálogo entre los personajes
- Detalles coloridos que describen los sucesos de la trama
- Un final que muestra una solución al problema

Inicio
Presenta el personaje principal y el escenario.

Desarrollo
Los personajes reaccionan a un problema.

Detalles que desarrollan la trama

Final
Una solución al problema

Los estudiantes de la Cápsula 12 estaban aprendiendo sobre las plantas que crecían en su planeta. La maestra, la Srta. Manzana, les enseñaba todo acerca de las diferentes plantas de la Tierra. Los estudiantes nunca habían visto cómo crecen las plantas en la naturaleza porque habían crecido en la nave espacial.

La clase observaba los dibujos que la Srta. Manzana les mostraba.

—Me gustaría que plantáramos un jardín en nuestra cápsula —dijo Paulo. Pero todos los niños de la clase sabían que las plantas tardan años en crecer en el espacio.

—¡Tal vez no podemos cultivar nuestras plantas, pero puede haber otra manera de hacer un jardín! —dijo la Srta. Manzana. Repartió cestas con materiales de dibujo a la clase. En poco tiempo, la cápsula se llenó de flores y árboles gigantes.

La Srta. Manzana admiraba los dibujos que los estudiantes habían hecho en las paredes.

—¡Sus plantas son muy hermosas! —exclamó la Srta. Manzana—. Casi puedo oler las flores. Todos en la clase sonreían. Aprendieron que hay más de una manera de cultivar un jardín en el espacio.

Otras palabras de transición
De repente
Mientras tanto
Después
Dentro de poco
Más tarde ese día
Tan pronto como
Durante

Nombre _____

Sigue las instrucciones de tu maestro para completar esta página.

1 Había una vez una osezna que vivía en el bosque. Se rehusaba a ir a la escuela con los demás oseznos y en cambio se pasaba los días pescando en el arroyo.

Una mañana mientras estaba _____

_____.

De repente, _____

_____

_____. Más tarde

esa mañana, _____.

_____

_____

_____. Afortunadamente, _____

_____

_____

Al final del día _____

_____

_____

_____ vivieron felices para siempre.

2 En una hoja aparte, escribe un cuento corto sobre un estudiante que tiene que darle clases a la clase por un día.

3 En una hoja aparte, usa tu plan de preparación para la escritura para escribir un cuento corto, o haz un nuevo plan para escribir otro cuento sobre una clase que realiza una excursión inusual.

Descripción

Una **descripción** tiene detalles vívidos que le permiten al lector saber cómo siente el autor una experiencia.

Partes de una descripción

- Una oración inicial que presenta el tema y llama la atención de los lectores
- Oraciones secundarias que relatan los sucesos en orden
- Palabras y frases expresivas que estimulan los cinco sentidos del lector
- Un oración final que relata lo que el autor piensa de los sucesos

Inicio
Un inicio que llama la atención

→ Nunca pensé que aprendería a volar, pero es exactamente eso lo que hice en las vacaciones de verano. Mi tía y mi tío viven en los Cayos de Florida. El verano pasado, mi tía me enseñó a hacer esnórquel. Fue la experiencia más emocionante de mi vida.

Desarrollo
Oraciones secundarias

→ Fuimos en bote hasta el arrecife. El reflejo del sol en el agua azul brillante hacía que pareciera que había diamantes diminutos en la superficie cristalina. Cuando nos detuvimos, me puse la máscara y el esnórquel y salté. El agua estaba tibia como la de una bañera. Mi tía me enseñó cómo respirar con el esnórquel. Metí la cara bajo el agua y me deslicé lejos.

Detalles que estimulan los cinco sentidos

→ Nadar sobre un arrecife de coral fue como volar sobre una ciudad alienígena. Los peces amarillos brillantes entraban y salían entre los brazos azules y verdes del arrecife. Los pequeños cangrejos rojos corrían por todos lados en la arena blanca. Las algas danzaban en ondas invisibles.

Final
Un final que muestra la actitud del escritor

→ Por todas partes que miraba había algo nuevo por descubrir.

Al final del día, mi piel todavía estaba tibia. Aún podía saborear la sal del océano. ¡No podía esperar mi próximo vuelo por el agua!

Otras palabras descriptivas
Brillante
Sedoso
Regordete
Que huele a humedad
Húmedo
Frío
Elegante

Nombre _____

Sigue las instrucciones de tu maestro para completar esta página.

1 Nunca puedo irme de casa sin mi _____

_____

Ante todo, _____

_____

_____

_____

_____. A veces, _____

_____

_____

_____

_____. Luego, _____

_____

_____

Por esta razón, _____

_____

_____

 2 En una hoja aparte, escribe un párrafo descriptivo de lo que ves cuando miras el cielo de noche.

 3 En una hoja aparte, usa tu plan de preparación para la escritura para escribir un párrafo descriptivo, o haz un nuevo plan para escribir otra descripción sobre cómo crees que se ve un planeta alienígena.

Diálogo

Un **diálogo** es una conversación entre dos o más personajes de un cuento.

Partes de un diálogo

- Revela los pensamientos y los sentimientos de un personaje.
- Suena como cuando la gente habla una con otra en la vida real.
- Hace la historia más real e interesante.
- Muestra, más que relatar, lo que está sucediendo.

El diálogo muestra lo que piensan y sienten los personajes.

—¡Silencio! ¡Vamos a empezar la reunión de todos los animales de peluche de la habitación de Vivian! —La hermanita de Isaac estaba allí otra vez. Sus juguetes estaban esparcidos por toda la sala.

—¿Por qué no puedes hacer la reunión en tu habitación? —refunfuñó Isaac. Vivian se cruzó de brazos y lo miró fijamente.

—Isaac, ¿por qué no juegas con tu hermanita en vez de molestarla? —Su papá ni siquiera levantó la mirada de los papeles que leía. Isaac comenzó a quejarse, pero suspiró y se sentó en el piso.

Las palabras suenan igual que cuando la gente habla una con otra en la vida real.

—Muy bien, Vivian. Entonces, ¿quién es el presidente? —preguntó Isaac. Vivian se encogió de hombros—. Bueno, no puedes tener una reunión como esta sin un presidente.

Vivian miró por toda la habitación.

—¡Ya sé! —gritó—. ¡Starfox puede ser el presidente! —El cachorro nuevo miró a Vivian con entusiasmo.

Los detalles hacen la historia interesante.

Isaac pasó toda la tarde jugando con su hermana. No era lo más divertido que había hecho, pero era mejor que pelear. Incluso sonrió un poquito cuando Vivian anunció: —¡La próxima vez, los animales de peluche irán al espacio!

Otras palabras para describir diálogos
Exclamó
Se preguntó
Ordenó
Gritó
Susurró
Declaró
Cantó
Respondió

Nombre _____

Sigue las instrucciones de tu maestro para completar esta página.

1   Era el último día de clase. Myra dijo: _____

_____

_____

_____

La señorita Holiday respondió: _____

_____

_____

Inmediatamente, toda la clase sonrió y exclamó: _____

_____

_____

_____

Mientras salíamos del salón de clases, la Srta. Holiday dijo: _____

_____

_____

_____

2   En una hoja aparte, escribe un cuento con un diálogo sobre un niño
que logra ser presidente de los Estados Unidos por un día.

3   En una hoja aparte, usa tu plan de preparación para la escritura para
escribir un cuento con diálogo, o haz un nuevo plan para escribir
un cuento con diálogo sobre alguien que hace una promesa que no
puede cumplir.

Relato de ficción: Preparación para la escritura

Un **relato de ficción** es un cuento inventado que incluye el escenario, los personajes y la trama de un problema que los personajes tienen que resolver. La preparación para la escritura es el primer paso de la escritura para planificar tu cuento. Una manera de planificar una ficción narrativa es hacer un mapa del cuento.

 ## Partes de la preparación para la escritura de un relato de ficción

- Elegir la idea de tu cuento
- Escribir los nombres de los personajes y el escenario
- Pensar en un problema que los personajes enfrentarán en el cuento
- Escribir una descripción corta de los sucesos que tendrán lugar en el inicio, el desarrollo y el final del cuento en tu mapa del cuento

---

Escenario: La casa de los Parker | **Personajes:** Sra. Parker, Charlie, Evan

Trama

Inicio

La Sra. Parker cree que Charlie y Evan están comiendo caramelos antes de la cena.

Desarrollo

Charlie y Evan instalan una videocámara para demostrar que alguien más se está llevando los caramelos.

Final

El video muestra que una ardilla se está robando los caramelos.

Nombre _____

Sigue las instrucciones de tu maestro para completar esta página.

Escenario	Personajes

Trama

Inicio

Desarrollo

Final

En una hoja aparte, dibuja un mapa del cuento para planificar un cuento sobre un grupo de niños que deciden formar un club secreto.

En una hoja aparte, haz el mapa del cuento de un cuento sobre unos amigos que trabajan juntos para resolver un problema.

Ficción narrativa

Una **ficción narrativa** es un cuento inventado con personajes que resuelven un problema o conflicto.

Partes de una ficción narrativa

- Un inicio que presenta los personajes, el escenario y el problema
- Un desarrollo que muestra la personalidad de los personajes y las acciones que llevan adelante para resolver el problema
- Sucesos que se relatan en un orden lógico
- Diálogo que le da a cada personaje una voz única
- Un final que muestra cómo se resolvió el problema

Inicio
Presenta los personajes, el escenario y el problema.

La Sra. Parker estaba de pie en la puerta del dormitorio de sus hijos. Charlie y Evan levantaron la vista del juego.

—Les dije a los dos que no comieran caramelos antes de la cena —dijo con el ceño fruncido—. El plato de la sala está vacío.

Sin importar cuánto negaran Charlie y Evan haber tomado los caramelos, su madre no les creía.

—Nunca la convenceremos de que somos inocentes —dijo Charlie.

—Tenemos que atrapar al verdadero ladrón —dijo el práctico Evan—. Y yo sé cómo hacerlo.

Desarrollo
Relata las acciones que los personajes llevan adelante para resolver el problema.

Primero, sacaron la videocámara de papá del armario. **Luego**, la escondieron en la biblioteca de la sala. Apuntaron la cámara hacia el plato de caramelos que mamá había llenado otra vez. **Finalmente**, dejaron la videocámara funcionando y salieron en puntas de pie.

—Ahora esperemos que nuestro criminal caiga —dijo Evan.

Diálogo
Muestra cómo son los personajes.

—Esto nunca funcionará —dijo Charlie.

Charlie nunca creía que algo fuera a funcionar. Dos horas **más tarde**, buscaron la cámara. La pusieron en el reproductor de vídeos en adelanto rápido hasta que vieron que algo se movía. Una ardilla salió corriendo de la chimenea al plato, se llenó los cachetes de caramelos y escapó.

Final
Relata la solución del problema.

—¡Te tengo! —dijo Evan—. ¡Ahora mamá tendrá que creernos!

Otras palabras de transición
En el comienzo
Al principio
Para comenzar
El primer día
Segundo
Al poco tiempo
De repente
Al final
Finalmente

Nombre _____

Sigue las instrucciones de tu maestro para completar esta página.

1

Jeremy gritó y se estremeció cuando metió el dedo del pie en el agua

helada. _____

_____

_____. Primero, _____.

Luego, _____

_____

_____

_____

Más tarde, _____

_____

_____

_____. Para comenzar, _____

_____

_____. Al poco tiempo, _____

_____

_____. De repente, _____

_____

_____

Finalmente, _____.

2

En una hoja aparte, escribe una ficción narrativa sobre amigos que
resuelven un misterio.

3

En una hoja aparte, usa tu plan de preparación para la escritura para
escribir una ficción narrativa sobre dos amigos que trabajan juntos
para resolver un problema.

Composición sobre un proceso

Una **composición sobre un proceso** explica un procedimiento, o un proceso paso a paso, para hacer algo. Está escrita en orden temporal o secuencia.

Partes de una composición sobre un proceso

- Una introducción que enuncia lo que explicará el ensayo
- Un desarrollo que explica la secuencia de pasos o sucesos que constituyen el procedimiento
- Palabras de transición que enuncian el orden de los pasos o los sucesos
- Una conclusión que vuelve a exponer el tema y hace un comentario final

Introducción
Enuncia qué aprenderá el lector.

Desarrollo
Explica la secuencia de pasos.

Palabras de transición
Ayuda a los lectores a comprender el orden de los pasos.

Conclusión
Dice qué aprendió el escritor.

Durante la fiebre del oro de California en 1849, muchos cazadores de fortuna usaron una manera sencilla para hallar oro. Se llama bateo y funciona de esta manera.

Primero, los buscadores elegían un arroyo. ¡Esta era la parte más difícil! Nunca estaban seguros de dónde hallarían oro. Una vez que hallaban el arroyo, buscaban una parte a lo largo de una curva o cerca de la orilla en la que el agua se moviera lentamente. El oro es aproximadamente diecinueve veces más pesado que el agua, por tanto, se hunde hacia el fondo en las áreas donde el agua se mueve más lento y es menos profunda.

Luego, los buscadores excavaban aproximadamente cuatro puñados de material del fondo del arroyo. Lo colocaban en una batea de fondo chato y borde alto. Sostenían la batea debajo del agua y la movían lentamente con un movimiento circular. Así lavaban las partículas más pequeñas.

Después, los buscadores sacaban la batea fuera del agua. La inclinaban y hacían girar hasta que casi toda el agua se escurría. **Finalmente,** tomaban el material que quedaba en la batea con mucho cuidado. Si tenían suerte, encontraban oro. ¿Te imaginas siguiendo todos estos pasos? Para buscar oro hace falta paciencia y tiempo. ¡Seguro que valía la pena si alguien se hacía rico!

Otras palabras de transición
Antes
Después de eso
Hasta
Segundo
Mientras tanto
Finalmente
El paso final

Nombre _____

Sigue las instrucciones de tu maestro para completar esta página.

1 Por lo general, comenzamos cada día de clases de la misma manera.

Esto es lo que hacemos cada mañana. Primero, _____

_____

_____.

Después, _____

_____

_____.

Luego, _____

_____

_____

_____

_____. Finalmente, _____

_____

_____.

_____

_____

_____

2 Piensa en una tarea que haces en casa. En una hoja aparte, escribe una composición sobre un proceso que explique cómo realizas esta tarea. Explica cada paso con claridad. Recuerda usar palabras de transición para mostrar el orden de los pasos.

3 En una hoja aparte, usa tu plan de preparación para la escritura para escribir una composición sobre un proceso, o haz un nuevo plan para escribir una composición que explique cómo te preparas para ir a dormir cada noche.

Ensayo de comparar y contrastar

Un **ensayo de comparar y contrastar** muestra en qué se parecen o en qué se diferencian dos personas, lugares o cosas.

Partes de un ensayo de comparar y contrastar

- Una introducción que dice quién o qué se compara y se contrasta
- Un desarrollo con una organización lógica: primero las semejanzas y después las diferencias; primero las diferencias y después las semejanzas o las semejanzas y las diferencias punto por punto
- Detalles vívidos que muestran con claridad las semejanzas y las diferencias
- Una conclusión que resume o hace un comentario final

Introducción
Dice quién o qué se compara o se contrasta.

Desarrollo
Trata las semejanzas, luego las diferencias.

Detalles vívidos
Hace que los puntos sean claros.

Conclusión
Resume y comenta.

Es difícil creer que mis gatitos, Wilbur y Charlotte, se parezcan tanto pero sean tan diferentes.

Ambos gatitos son de color gris claro y tienen las patas blancas. **Además,** cada gato tiene una cola larga y tupida con la punta blanca. Sin embargo, ahí es donde terminan las semejanzas.

Por un lado, a Charlotte le encanta estar fuera de casa y siempre se mete en problemas. Cuando estoy leyendo, husmea y trata de agarrar las páginas cuando las paso. Incluso se mete en el armario de mis padres y tira todas las corbatas de mi papá. También tiene un apetito voraz. ¡Siempre está tan hambrienta como un lobo! Me persigue por todos lados hasta que cedo y le pongo algo de comida en su tazón.

En cambio, Wilbur nunca causa problemas. Es tan tímido que siempre está solo en alguna parte. ¡Un día lo encontramos escondido sobre el refrigerador! **A diferencia** de Charlotte, Wilbur espera, siempre con paciencia, que lo alimenten.

En definitiva, nunca nadie pensaría que estos dos gatos son hermano y hermana. Aunque Wilbur y Charlotte son muy diferentes, toda nuestra familia los quiere por igual.

Otras palabras de transición
Otros
También
Del mismo modo
Pero
Sin embargo
Finalmente

Nombre _____

Sigue las instrucciones de tu maestro para completar esta página.

1

_____
_____
_____
_____

Ambos _____
_____
_____
_____
_____. Además, _____
_____
_____. En cambio, _____
_____
_____
_____
_____. A diferencia de _____
_____. En definitiva, _____
_____
_____

2 En una hoja aparte, planea y escribe un ensayo de comparar y contrastar que describa dos tipos de animales.

3 En una hoja aparte, usa tu plan de preparación para la escritura para escribir un ensayo de comparar y contrastar, o haz un nuevo plan para comparar y contrastar dos personajes de un libro que te guste.

Ensayo de causa y efecto

Un **ensayo de causa y efecto** enuncia una causa o razón por la que algo sucede. También incluye un efecto o suceso que ocurre como resultado.

Partes de un ensayo de causa y efecto

- Una oración principal que enuncia con claridad la idea principal del ensayo
- Una relación clara entre un suceso o causa y el resultado o efecto de ese suceso
- Detalles que apoyan la relación entre la causa y el efecto
- Palabras de transición que ayudan a mostrar la relación
- Una oración de conclusión que resume el ensayo

Oración principal
Enuncia con claridad de qué se trata el ensayo.

Relación clara
Cuenta qué suceso causa otro suceso.

Detalles
Apoyan la relación entre los sucesos.

Oración de conclusión
Hace un comentario.

Hoy olvidé mi almuerzo debido al extraterrestre. Era solo un extraterrestre imaginario, pero aún así es la razón por la que no tengo mi almuerzo.

Para comenzar, esta mañana yo simulaba ser un marciano y perseguía a mi hermanito. A él le encanta y lo hacemos todo el tiempo. Se divertía tanto que no prestaba atención a por dónde corría.

Como resultado, se tropezó con nuestro gato. El gato se asustó, **entonces** salió corriendo por la puerta de atrás. Mi hermanito se disgustó porque el gato se había ido y comenzó a llorar. **Por tanto,** mi mamá tuvo que dejar de preparar mi almuerzo y calmó a mi hermanito. **Luego,** tuvo que ir a buscar al gato. **Debido a** que fue a buscar al gato, se olvidó de mi almuerzo. ¡Por eso hoy yo terminé sin almuerzo!

De ahora en adelante, no invadiré la Tierra hasta *después* de la escuela.

Otras palabras de transición
Para comenzar
El efecto de
Ya que
La razón de
De modo que
Finalmente

Nombre _____

Sigue las instrucciones de tu maestro para completar esta página.

1 Reciclar periódicos y cartones ayudaría a salvar los recursos naturales

que podrían acabarse algún día. Para comenzar, _____

_____

_____. Como resultado, _____

_____

_____

_____, entonces _____

_____

_____. Por tanto, _____

_____

_____. Luego, _____

_____

_____. Debido a que _____

_____

_____

2 En una hoja aparte, planea y escribe un ensayo de causa y efecto
sobre un cambio pequeño que puedes hacer y que tendría un gran
impacto en tu casa o tu familia.

3 En una hoja aparte, usa tu plan de preparación para la escritura para
escribir un ensayo de causa y efecto, o haz un nuevo plan para escribir
un párrafo sobre cosas que pueden suceder debido a un cuento.

Informe de investigación: Preparación para la escritura

Un **informe de investigación** es una composición de no ficción que tiene datos reunidos de varias fuentes de información para exponer un tema. Una manera de planear un informe de investigación es hacer un esquema.

Partes de la preparación para la escritura de un informe de investigación

- Hacer una lluvia de ideas para tu informe de investigación
- Elegir el tema principal y escribir el enunciado de la tesis
- Investigar el tema y anotar los detalles importantes en tarjetas de notas
- Organizar los detalles de las tarjetas de notas en un esquema que te guiará cuando escribas el informe
- Verificar si todos los detalles incluidos en tu esquema apoyan la tesis

---

I.   Introducción: El Súper Tazón
    A. Juego emocionante
    B. El deporte más visto en TV

II. Historia del Súper Tazón
    A. Primer juego en 1967
    B. Originalmente llamado Campeonato AFL-NFL
    C. Hasta 2004, los partidos tenían lugar en enero.

III. Récords del Súper Tazón
    A. Los Miami Dolphins es el único equipo que tiene una temporada invicta (Súper Tazón VII).
    B. Los Pittsburg Steelers es el primer equipo que ganó el Súper Tazón (2009) seis veces.

IV. Conclusión
    A. Los ganadores son el mejor equipo del mundo.
    B. Siempre suceden cosas interesantes.
    C. 11 millones de personas vieron el Súper Tazón en 2011.

Nombre _____

Sigue las instrucciones de tu maestro para completar esta página.

I. Introducción: _____

   A. _____

   B. _____

   C. _____

II. Primeros pobladores

   A. _____

   B. _____

   C. _____

III. Sucesos históricos importantes

   A. _____

   B. _____

   C. _____

VI. Conclusión

   A. _____

   B. _____

   C. _____

En una hoja aparte, usa tu plan de preparación para la escritura para escribir un informe de investigación sobre la historia de tu deporte o juego preferido. Haz un esquema que te sirva como guía para escribir el informe.

En una hoja aparte, usa tu plan de preparación para la escritura para escribir un informe de investigación sobre un tema de Ciencias o Estudios Sociales que elijas. Haz un esquema que te sirva como guía para escribir el informe.

Informe de investigación

Un **informe de investigación** es una composición de no ficción con datos reunidos de varias fuentes de información para exponer un tema.

Partes de un informe de investigación

- Un párrafo introductorio que dice de qué trata el informe
- Párrafos centrales con las ideas principales apoyadas por datos, detalles y ejemplos reunidos de fuentes diferentes
- Un párrafo de conclusión que vuelve a presentar brevemente, o resume, la información del informe

Párrafo introductorio
Dice de qué trata el informe.

Párrafos centrales
Tienen datos y detalles que apoyan cada idea principal.

Fuente de información
Dice dónde se encontró la información parafraseada.

Ejemplos
Apoyan las ideas principales.

Párrafo final
Resume el informe.

El Súper Tazón es el campeonato de la Liga Nacional de Fútbol Americano. En Estados Unidos, más gente mira el Súper Tazón en TV que cualquier otro evento deportivo.

Hay muchos datos interesantes en la historia del Súper Tazón. El primer juego, en 1967, no se llamó Súper Tazón. Se llamó Campeonato del mundo AFL-NFL (Karlis 45). El libro de Mac Hartley, *A football century* (Un siglo de futbol), dice que el propietario de los Kansas City Chiefs, Lamar Hunt, propuso el nuevo nombre. La idea se le ocurrió cuando vio jugar a sus hijos con una pelota que ellos llamaban "súper pelota". **Además,** los partidos solían jugarse en el mes de enero. Sin embargo, desde 2004 han tenido lugar en febrero (Hazell 176).

Se han establecido muchos récords en el Súper Tazón. **Por ejemplo,** los Miami Dolphins se convirtieron en el único equipo de la NFL que tuvo una temporada invicta cuando venció a los Washington Redskins en el Súper Tazón VII (Karlis 67). **Además,** en febrero de 2009, los Pittsburgh Steelers se convirtieron en el primer equipo en ganar seis Súper Tazón (89).

No es difícil ver por qué el Súper Tazón es tan popular. Los equipos siempre juegan dando el todo por el todo. Los ganadores pueden decir que son el mejor equipo del mundo. Además, siempre pasan cosas interesantes. ¡Tal vez por eso 11 millones de personas vieron el Súper Tazón XLV en 2011!

Otras palabras de transición
Segundo
Otros
Entonces
Por ejemplo
Finalmente
Como conclusión

Nombre _____

Sigue las instrucciones de tu maestro para completar esta página.

1

Desde su fundación en 1559, la Florida ha tenido una rica historia.
Todavía hoy en día es un lugar interesante para vivir. ¡Es mucho lo que puedes
aprender de la Florida!

_____

_____

_____. Además, _____

_____

_____

_____

_____. Por ejemplo, _____

_____

_____. Además, _____

_____

_____

_____

2

En una hoja aparte, escribe un informe de investigación sobre un
deporte que te gusta ver o jugar. Usa al menos dos fuentes para hallar
datos y detalles interesantes para incluir en el informe.

3

En una hoja aparte, usa tu plan de preparación para la escritura
para escribir un informe de investigación, o haz un nuevo plan para
escribir un informe sobre un tema de Estudios Sociales o Ciencias de
tu elección. Usa tu libro de texto como fuente de información.

Ensayo de opinión

Un **ensayo de opinión** dice qué piensa el escritor sobre un tema.

También explica por qué el escritor tiene ese punto de vista.

Partes de un ensayo de opinión

- Una introducción con una opinión expresada con claridad
- Un desarrollo con razones que apoyan la opinión
- Datos y ejemplos que apoyan los puntos principales
- Una organización clara y lógica
- Una conclusión que vuelve a expresar la opinión

Introducción
Expresa la opinión.

Desarrollo
Detalles que apoyan la opinión

Organización
Detalles de apoyo ordenados de manera lógica

Conclusión
La opinión se expresa con otras palabras.

En vez de tener un solo grupo de estudiantes en el consejo estudiantil todos los años, debería haber varios grupos rotativos para estar seguros de que todas las clases estén bien representadas. Las decisiones que toma el consejo estudiantil nos afectan a todos. Por tanto, debería participar la mayor cantidad de estudiantes.

A veces, los estudiantes votan por sus amigos o por los niños que son más populares, en lugar de votar por el estudiante más preparado para la tarea. Incluso los niños que no son tan populares tienen ideas y opiniones importantes. Todos tienen derecho a que sus ideas sean escuchadas.

Muchos estudiantes no se preocupan mucho por lo que pasa en nuestra escuela. Tal vez si a estos niños se les permitiera ayudar en la toma de decisiones, se preocuparían más en mejorar la escuela.

Creo que el consejo estudiantil sería más efectivo si hubiera mayor participación. Por tanto, creo que el consejo debería renovarse por lo menos cuatro veces al año, ¡tal vez hasta seis veces! Todos los estudiantes estarían más contentos y harían de la escuela un mejor lugar.

Otras palabras de transición
Tal vez
Además
Una razón más
Ante todo
También
En conclusión

Sigue las instrucciones de tu maestro para completar esta página.

Creo que nuestra escuela tiene que recaudar dinero y donarlo para _____.

_____ _____

_____

_____

Ante todo, _____

_____

_____

_____

En segundo lugar, _____

_____

_____. Por ejemplo, _____

_____

_____

En conclusión, _____

_____

_____

_____

En una hoja aparte, escribe un ensayo de opinión sobre una de las normas de tu clase.

En una hoja aparte, usa tu plan de preparación para la escritura para escribir un ensayo de opinión o escribe un ensayo de opinión sobre qué hace que una persona sea un buen modelo a seguir.

Composición de problema y solución

Una **composición de problema y solución** identifica un problema o situación que debe cambiarse o arreglarse. Luego, sugiere una manera de resolver el problema.

Partes de una composición de problema y solución

- Una oración principal que expresa con claridad el problema
- Oraciones adicionales que explican el problema y dicen cómo piensa el escritor que puede resolverse el problema
- Oraciones que evidencian que la solución del escritor es la mejor y que funcionará
- Una oración de conclusión que vuelve a expresar y refuerza la postura del escritor

Oración principal
Indica el problema.

Idea del escritor para una solución

Evidencia y ejemplos
Apoyan la postura del escritor.

Oración de conclusión
Vuelve a expresar y refuerza la postura del escritor.

En nuestra escuela tenemos muchos clubes. **El problema es que muchos de estos son aburridos. La mayoría de los estudiantes nunca se molestan en unirse a ellos.** ¿Cuál es la solución? Creo que debería formarse un comité de estudiantes y maestros para proponer ideas nuevas para los clubes después de la escuela.

Antes que nada, los niños saben lo que les gusta. **De igual modo,** los maestros saben qué tiene mayor valor para la educación. Si unimos todo esto, podremos tener un club genial. **Por ejemplo,** ¿qué tal sería tener un club que permita a los niños ver películas y leer libros? Los niños harían una lista de las películas que les gustan. Luego, el maestro podría buscar libros interesantes sobre el mismo tema. Los maestros también podrían tener clubes sobre sus materias. Los maestros de Ciencias podrían ayudar a los estudiantes a formar un club de inventos. Los maestros de Estudios Sociales podrían ayudar a los estudiantes a establecer un gobierno ejemplar.

En conclusión, creo que debería reunirse un grupo de estudiantes con el consejo escolar tan pronto como sea posible para hablar sobre la formación de este comité. Si los maestros y los estudiantes trabajaran juntos, todos ganaríamos.

Otras palabras de transición
En primer lugar
Igual de importante
Más importante aún
Por otra parte
Además
En resumen

Nombre _____

Sigue las instrucciones de tu maestro para completar esta página.

1 Muchas cosas podrían mejorar en nuestra comunidad con la ayuda de voluntarios. El problema es que los estudiantes que se podrían ofrecer como voluntarios no lo hacen. Una solución sería organizar sábados especiales para que los estudiantes se ofrezcan como voluntarios. Primero que nada,

_____

_____

_____. Por ejemplo, _____

_____

_____

_____

_____. De igual modo, _____

_____

_____

_____

_____

En conclusión, _____

_____

_____

2 En una hoja aparte, planea y escribe una composición de problema y solución sobre disminuir la impuntualidad de los estudiantes.

3 En una hoja aparte, usa tu plan de preparación para la escritura para escribir una composición de problema y solución, o haz un nuevo plan para escribir una composición sobre una norma que te parezca un problema, como *prohibidos los patines en las tiendas.*

Carta persuasiva

Una **carta persuasiva** es un tipo de carta formal. En ella, el escritor trata de convencer al lector de pensar o actuar de determinada manera.

Partes de una carta persuasiva

- Formato de carta de negocios, que incluye encabezado, dirección, saludo, desarrollo, despedida y firma
- Una oración principal que expresa con claridad el objetivo o propósito del escritor para escribir la carta
- Oraciones secundarias que dan y explican las razones para estar de acuerdo con el objetivo del escritor
- Una despedida que vuelve a plantear el objetivo del escritor

Calle Palmetto 17
Palm Beach, FL 33480
8 de julio de 2013

William Robinson, Editor
The Summerdale Times
Vía Naranjo 39
Palm Beach, FL 33480

Otras despedidas
Saludos
Cordialmente
Respetuosamente
Muchas gracias

Oración principal
Expresa con claridad la opinión del escritor.

Oraciones secundarias
Dan razones y ejemplos.

Conclusión
Vuelve a expresar el objetivo del escritor.

Estimado Sr. Robinson:

Estoy de acuerdo con su editorial en el que dice que nuestra escuela debería cambiar el anuario en papel a formato en línea. **Primero,** los estudiantes ya usan mucho el Internet. Visitamos sitios Web todo el tiempo. Sería realmente fácil para nosotros aprender a usar un sitio para el anuario. **Además,** un anuario en línea sería mejor para la Tierra. No talaríamos tantos árboles por el papel.

Como puede ver, nuestra escuela debería tener un anuario en línea lo más pronto posible. A todos les encantaría y ayudaría a salvar la Tierra.

Atentamente,
Mary Wells

Nombre _____

Sigue las instrucciones de tu maestro para completar la Actividad 1.

Juntos 1

_____

_____

_____   _____

_____

_____

Estimado _____:

No estoy de acuerdo con su reciente editorial en el que dice que no podemos

recaudar suficiente dinero para nuestro viaje anual a Washington, D.C. Hay muchas

cosas que podemos hacer. Primero, _____

_____

_____

_____

_____

_____

Atentamente,

_____

Tú 2 En una hoja aparte, planea y escribe una carta persuasiva en la que
expreses tu acuerdo o desacuerdo con un editorial que dice que las
escuelas deberían tener clases de arte.

Tú 3 En una hoja aparte, usa tu plan de preparación para la escritura para
escribir una carta persuasiva, o haz un nuevo plan para responder
a un editorial que dice que tu escuela necesita un laboratorio de
computación más grande.

Ensayo persuasivo: Preparación para la escritura

En un **ensayo persuasivo**, el escritor intenta convencer al lector para que actúe o esté de acuerdo con una postura. La escritura persuasiva se hace convincente mediante razones. Una manera de organizar las razones es usar un mapa de apoyo de ideas.

Partes de la preparación para la escritura de un ensayo persuasivo

- Pensar con claridad en un enunciado de opinión
- Escribir las razones que apoyan la opinión, con la razón más importante al final
- Comenzar a pensar durante la preparación para la escritura en datos y ejemplos que apoyen las razones

Título o tema: _Comenzar un periódico escolar_

> **Enunciado de opinión:** _Nuestra escuela debería comenzar un periódico escolar._

> **Razón de apoyo:** _Un periódico mejoraría nuestra escritura._

> **Razón de apoyo:** _Un periódico informaría a los estudiantes sobre los eventos de la escuela._

> **Razón de apoyo:** _Un periódico podría involucrar a toda la escuela._

Nombre _____

Sigue las instrucciones de tu maestro para completar esta página.

 1 **Título o tema:** _____

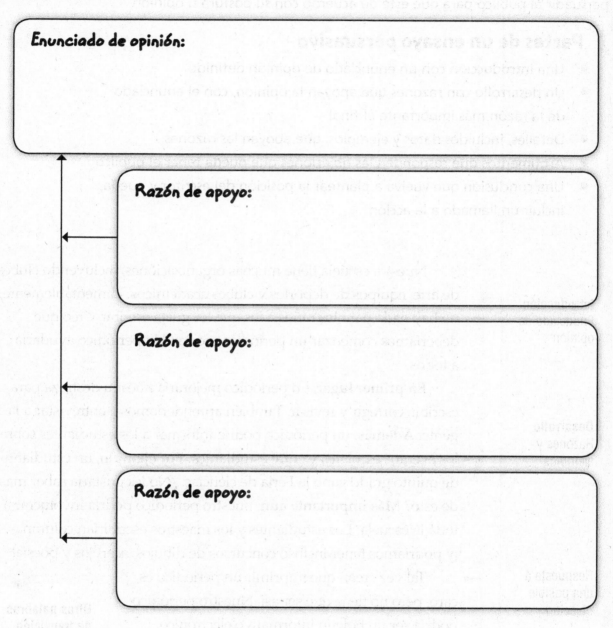

Enunciado de opinión:

Razón de apoyo:

Razón de apoyo:

Razón de apoyo:

 2 En una hoja aparte, haz un mapa de apoyo de ideas para preparar la escritura de un ensayo persuasivo con el fin de convencer al director de que haga algo que mejore tu escuela.

 3 En una hoja aparte, haz un mapa de apoyo de ideas para preparar la escritura de un ensayo persuasivo para convencer a los lectores de iniciar una organización que ayude a la comunidad.

Ensayo persuasivo

Un **ensayo persuasivo** es una composición en la que el escritor intenta persuadir al público para que esté de acuerdo con su postura u opinión.

Partes de un ensayo persuasivo

- Una introducción con un enunciado de opinión definido
- Un desarrollo con razones que apoyan la opinión, con el enunciado de la razón más importante al final
- Detalles, incluidos datos y ejemplos, que apoyan las razones
- Argumentos que responden las objeciones que pueda tener el público
- Una conclusión que vuelva a plantear la posición del escritor y pueda incluir un llamado a la acción

Introducción
Enunciado de opinión

Desarrollo
Razones y ejemplos

Respuesta a una posible objeción

Conclusión
Reafirmación de la idea y llamado a la acción

Nuestra escuela tiene muchas organizaciones, incluyendo clubes de arte, equipos de deportes y clubes académicos. Lamentablemente, no hay nada para los niños a los que les gusta escribir. Creo que deberíamos comenzar un periódico escolar. Un periódico ayudaría a todos.

En primer lugar, un periódico mejoraría nuestra destreza para escribir, corregir y revisar. También aprenderíamos a entrevistar a la gente. **Además**, un periódico podría informar a los estudiantes sobre los eventos escolares y entre estudiantes. **Por ejemplo**, un estudiante de quinto grado ganó la Feria de ciencias. ¿No les gustaría saber más de esto? **Más importante aún**, nuestro periódico podría involucrar a toda la escuela. Los estudiantes y los maestros escribirían columnas, ¡y podríamos tener incluso concursos de dibujos, acertijos y poesía!

Tal vez crean que imprimir un periódico es caro, pero no tiene que ser así. Nuestro periódico podría ser un boletín informativo electrónico. Entonces no tendríamos que pagar el papel.

Como pueden ver, con un periódico seremos mejores escritores, informaremos sobre los eventos escolares e involucraremos a toda la escuela. Por favor, envíen hoy un mensaje electrónico al director y ayúdenme a poner el primer número en sus manos, ¡o en su bandeja de entrada!

Otras palabras de transición
En primer lugar
Para comenzar
También
Específicamente
Además
Segundo
En consecuencia
Finalmente
En conclusión

Nombre _____

Sigue las instrucciones de tu maestro para completar esta página.

1 Algunos estudiantes de la escuela no entregan las tareas. Deberíamos comenzar un centro de ayuda. Los estudiantes pueden anotarse en una lista para recibir ayuda con sus estudios.

Primero, _____

_____. Adicionalmente, _____

_____.

Por ejemplo, _____

_____

_____. Más importante aún, _____

_____

Segundo, _____

_____. Además, _____

_____. Por ejemplo, _____

_____

_____. Finalmente, _____

_____

En conclusión, _____

_____

2 En una hoja aparte, planea y escribe un ensayo persuasivo para el director sobre algo que quieres ver que mejore en la escuela.

3 En una hoja aparte, usa tu plan de preparación para la escritura para escribir un ensayo persuasivo, o haz un nuevo plan para escribir un ensayo para convencer a los lectores de comenzar una organización que ayude a la comunidad.

Carta amistosa

Una **carta amistosa** es un texto que escribe el escritor a alguien que conoce, como un amigo o un pariente. Incluye un lenguaje familiar e informal.

Partes de una carta amistosa

- Un encabezamiento con la dirección del escritor y la fecha
- Un saludo a la persona que recibirá la carta
- Un desarrollo que es la parte principal de la carta
- Una voz amistosa e informal
- Detalles interesantes para mantener interesado al lector
- Una despedida y la firma del escritor

① Encabezamiento
Dirección y fecha

② Saludo
Saluda a la persona que recibe la carta.

③ Desarrollo
Incluye una voz amistosa e informal y detalles interesantes.

④ Despedida y firma

① Calle Crowley 17
Tampa, Fl 33609
5 de mayo de 2013

② Querido tío Lou:

③ ¡Nunca creerás lo que pasó! Papá y yo fuimos a pescar y yo pesqué un bagre gigante. Era realmente feo. Tenía todas esas cosas largas que salen de su cara que parecen bigotes. ¡Horrible! Nunca había visto algo tan extraño. Papá dijo que el bagre era bueno para comer, pero no le creí, entonces lo devolví al agua.

Después de pescar, fuimos al restaurante que está cerca del lago. ¡Había bagre en el menú! Yo pedí una hamburguesa, pero papá quiso bagre. No podía creer que él comería algo tan feo. Me dijo que probara un poco. Al principio, no quería probarlo, pero después tomé un bocadito. ¡Estaba muy sabroso!

Deberías venir a pescar con papá y conmigo en algún momento. Si pesco un bagre, tal vez esta vez no lo devuelva al agua.

④ Tu sobrino,
Chirs

Interjecciones
¡Ah!
¡Hmm!
¡Ay!
¡Hurra!
¡Oh!
¡Puaj!
¡Genial!

Nombre _____

Sigue las instrucciones de tu maestro para completar esta página.

1 Juntos

og12 Evergreen
wichita, KS 19283
4/01/2024

Querido ___Nasa_____ :

    ¡La semana pasada vi algo genial! __Mire el militar del nasa__ y yo

fuimos a __Preguntar les_____ y _____

_____

_____

_____

_____

_____

_____

_____

                                        Tu amigo,

                                    _____

2 Tú

En una hoja aparte, escribe una carta amistosa a un amigo o
familiar sobre algo divertido que hiciste recientemente.

3 Tú

En una hoja aparte, usa tu plan de preparación para la escritura para
escribir una carta amistosa, o haz un nuevo plan para escribir una
carta amistosa en la que le cuentes a alguien sobre un lugar que
visitaste.

Descripción de un personaje

Una **descripción de un personaje** muestra cómo se ve, actúa y siente una persona. Cuenta sobre el carácter, o la personalidad, de la persona.

Partes de una descripción de un personaje

- Ideas principales que expresan el carácter de la persona
- Ejemplos de las palabras y acciones de la persona
- Detalles vívidos sobre la apariencia y las acciones de la persona
- Un diálogo que muestra cómo habla la persona y qué es lo que piensa y siente

Ideas principales
Expresan el carácter de la persona.

Ejemplos
Apoyan las ideas principales.

Detalles vívidos
Describen la apariencia y las acciones de la persona.

Diálogo
Muestra qué siente la persona.

Mi hermana de diez años, Aja, es dos personas. A veces, cambia en un instante.

Primero, es Aja, la princesa guerrera. Solo mide cuatro pies de altura, pero parece más alta porque se para derecha y mira a los ojos a todos. Sus ojos marrones son grandes y cuando una sonrisa ilumina su rostro redondo, también tienes que sonreír. Cuando está emocionada por algo, da vueltas por todos lados y habla a una milla por minuto. Por ejemplo, la semana pasada, habló solamente de su montaña rusa de Volador ardiente.

—¡Voy a viajar en el primer carro sin sostenerme! —se jactó.

Segundo, es Aja, el ratón, que parece que saldrá corriendo en cualquier instante. Cuando llegamos al parque de diversiones y estábamos en la fila para la montaña rusa, miró fijamente la estructura enorme. Todo su cuerpo se hizo más pequeño. Sus ojos se agrandaron y su sonrisa desapareció.

—En realidad, no quiero hacer esto —susurró frotándose las manos húmedas en el pantalón.

Sin embargo, Aja, el ratón, no permaneció por mucho tiempo. Después de que le dije unas palabras de ánimo, volvió a ser la princesa guerrera. Cuando nos tocó el turno, subimos al segundo carro, nos sujetamos y el viaje fue genial.

—¿Podemos subir otra vez? —suplicó Aja—. ¡Estoy lista para el primer carro!

Palabras de personalidad
tímido
extrovertido
tonto
amable
bullicioso
trabajador

Sigue las instrucciones de tu maestro para completar esta página.

Juntos 1

_____, el personaje principal de _____,

es una persona poco común.

Primero, _____

_____

_____. Por ejemplo, _____

_____

Segundo, _____

_____

_____

_____

_____

_____

_____

_____

_____

Tú 2

Escribe una descripción de un personaje de un libro o de una selección
de lecturas que te guste o elige una figura pública. Escribe sobre dos
características del carácter de la persona. Usa ejemplos del cuento o
de la vida real de la persona para apoyar tus ideas principales.

Tú 3

En una hoja aparte, usa tu plan de preparación para la escritura para
escribir una descripción de un personaje, o haz un nuevo plan
para escribir la descripción de otro personaje de ficción o de una
figura pública.

Autobiografía

Una **autobiografía** es un relato que alguien escribe de su propia vida.

Partes de una autobiografía

- Un inicio que dice de quién y sobre qué trata el relato
- El pronombre *yo* o la tercera persona singular para mostrar que el relato le sucedió al autor
- Un desarrollo que relata los sucesos y cómo se sintió el autor
- Un final que muestra cómo resultaron los sucesos y qué aprendió el autor

Inicio
Presenta el tema principal del relato.

Desarrollo
Los sucesos del relato están en orden.

Detalles
Muestran cómo se sintió el autor con la experiencia.

Final
Muestra qué aprendió el autor.

Un día del año pasado, mi madre me buscó a la escuela temprano. Me sorprendí cuando la voz en el altoparlante me llamó a la oficina. No tenía cita con el doctor y esa era la única razón por la que alguna vez me había ido más temprano a casa. Mi mamá me esperaba.

—Vamos —dijo—. Tenemos que ir a votar.

—¡No tengo edad para votar! —dije.

Mi mamá se rió y me dijo que disfrutaba mucho cuando de pequeña iba a votar con su mamá.

En el lugar de votación, todos susurraban como si estuvieran en la biblioteca. Una mujer sentada detrás de una mesa larga le preguntó su nombre a mi mamá y le dio un sobre con la tarjeta de votación. Mi mamá esperó su turno y luego se paró frente a un escritorio alto con divisiones, para que nadie pudiera ver cómo llenaba la tarjeta. Cuando terminó, deslizó la tarjeta dentro de una máquina. Fue realmente muy emocionante.

—Gracias por traerme contigo —le dije—. ¡No puedo esperar a llenar mi propia tarjeta de votación algún día!

Otras palabras de transición
Una vez
En ese momento
Desde
Hasta ahora
Tan pronto como
Al mismo tiempo

Nombre _____

Sigue las instrucciones de tu maestro para completar esta página.

Juntos 1

Uno de los días más emocionantes de mi vida fue cuando _____

_____

_____

_____

No podía creerlo cuando _____

_____

_____

Esa tarde, _____

_____

_____

_____. Luego, _____

_____

_____

Después, _____

_____

_____

_____

Tú 2

En una hoja aparte, escribe una autobiografía sobre algo insólito que te sucedió.

Tú 3

En una hoja aparte, usa tu plan de preparación para la escritura para escribir una autobiografía o escribe una autobiografía de algo que hiciste en algún momento y fue un orgullo para tu familia.

Narrativa personal: Preparación para la escritura

Una **narrativa personal** cuenta una historia sobre una experiencia importante en la vida del escritor y qué sintió el escritor con esa experiencia.

Partes de la preparación para la escritura de una narrativa personal

- Hacer una lluvia de ideas para tu narrativa personal
- Hacer en un organizador gráfico, como un organigrama, una lista de los sucesos importantes que describirás en la narrativa
- Asegurarse de que los sucesos del organigrama estén en el orden cronológico correcto

Me dieron a mi perro Loqui justo antes de comenzar tercer grado.	Papá tropezó mientras llevaba el modelo, y Marte y Venus cayeron al suelo.
Corría por todos lados y ladraba como un loquito, por eso lo llamé Loqui.	Los planetas rodaron debajo de un pórtico donde no podíamos alcanzarlos.
Loqui siempre estuvo conmigo, desde que lo traje a casa.	Le pedí a Loqui que trajera los planetas.
Hice un modelo del sistema solar para mi proyecto final de ciencias.	Loqui tomó los modelos de planetas sin romperlos.
Mi papá, Loqui y yo caminábamos con mi modelo a la escuela.	Mi modelo estaba a salvo.

Nombre _____

Sigue las instrucciones de tu maestro para completar esta página.

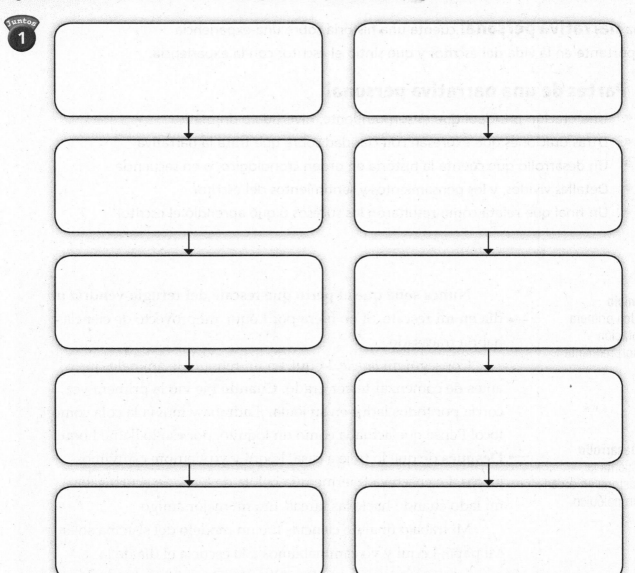

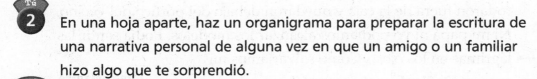

2 En una hoja aparte, haz un organigrama para preparar la escritura de una narrativa personal de alguna vez en que un amigo o un familiar hizo algo que te sorprendió.

3 En una hoja aparte, haz un organigrama para preparar la escritura de una narrativa personal de alguna vez en que lograste algo que creías imposible.

Narrativa personal

Una **narrativa personal** cuenta una historia sobre una experiencia importante en la vida del escritor y qué sintió el escritor con la experiencia.

Partes de una narrativa personal

- Una oración principal que es sorprendente, divertida o dramática
- Otras oraciones que expresan con claridad sobre qué trata la narrativa
- Un desarrollo que cuenta la historia en orden cronológico, o en secuencia
- Detalles vívidos, y los pensamientos y sentimientos del escritor
- Un final que relata cómo resultaron los sucesos o qué aprendió el escritor

Inicio
Una primera oración sorprendente

Desarrollo
Cuenta la historia en orden cronológico.

Detalles vívidos y pensamientos y sentimientos personales

Final
Muestra qué aprendió el escritor.

Nunca soñé que el perro que rescaté del refugio vendría un día en mi rescate. Si no fuera por Loqui, mi proyecto de ciencias habría fracasado.

Conseguí mi *beagle*, Loqui, en un refugio de animales justo antes de comenzar tercer grado. **Cuando** me vio la primera vez, corría por todos lados en su jaula. ¡Ladraba y movía la cola como loco! Pensé que actuaba como un loquito, por eso lo llamé Loqui. **Después** de que lo traje a casa, Loqui y yo siempre estuvimos juntos. Le enseñé a traerme una pelota de tenis. Se acurrucaba a mi lado cuando hacía las tareas. Era mi mejor amigo.

Mi trabajo final de ciencias fue un modelo del sistema solar. Mi papá, Loqui y yo caminábamos a la escuela el día de la presentación del proyecto. Papá llevaba el modelo en una caja. **De repente**, tropezó en una grieta de la acera. Venus y Marte rodaron fuera de la caja y quedaron debajo del pórtico del vecino. Ni mi papá ni yo podíamos alcanzar los modelos. Podía sentir las lágrimas en los ojos. ¿Cómo salvaríamos mi proyecto? ¡**Finalmente**, recordé!

—Loqui, trae las pelotas —dije.

Se metió por debajo del porche y sacó los modelos de los planetas. Fue tan suave que no rompió ninguno. ¡Supongo que el perro realmente es el mejor amigo de un niño!

Otras palabras de transición
Primero
Todo comenzó cuando
Después
Luego
Más tarde
Como resultado
Esa noche
Al final

Nombre _____

Sigue las instrucciones de tu maestro para completar esta página.

1 Nunca adivinarás _____

_____.

Cuando _____

_____. Después, _____

_____

_____. De repente, _____

_____

_____.

Lo que sucedió después fue _____

_____.

Más tarde, _____

_____. Luego, _____

_____

_____. Como resultado, _____

_____

_____. Al final, _____

_____

_____.

2 En una hoja aparte, planea y escribe una narrativa personal de alguna vez en que un amigo o un familiar hizo algo que te sorprendió.

3 En una hoja aparte, usa tu plan de preparación para la escritura para escribir una narrativa personal, o haz un nuevo plan para escribir una narrativa personal de alguna vez en que lograste algo que creías imposible.

Editorial

Un **editorial** es un tipo de ensayo persuasivo que aparece en una publicación, como un periódico, una revista o un sitio web. Algunos editoriales responden a otros artículos o editoriales.

 Partes de un editorial

- Una introducción que enuncia la opinión u objetivo del escritor
- Datos y detalles que apoyan la opinión
- Analogías y definiciones que aclaran la postura del escritor
- Referencias a las fuentes de información u otros textos
- Una conclusión que vuelve a expresar la opinión

Introducción
Expresa la opinión del escritor y se refiere a una fuente.

Definición

Datos y detalles
Apoyan la opinión del escritor.

Analogía

Conclusión
Hace un llamado a la acción.

Mantengan la biblioteca abierta los fines de semana

En un editorial reciente, el *Sun Times* dijo: "Se necesitan recortes al presupuesto. Cerrar la biblioteca pública los fines de semana para todos, con excepción de los estudiantes universitarios, ahorrará dinero y hará poco daño". Estoy completamente en desacuerdo. Se ahorrará poco dinero y se hará mucho daño.

Por definición, un lugar *público* es un lugar para todos. Negar el acceso a algunas personas a la biblioteca pública es injusto. **Además**, no cuesta mucho mantener la biblioteca abierta los fines de semana. Solamente hay cuatro bibliotecarios encargados y dos de ellos son voluntarios, no les pagan. También creo que reducir las horas de la biblioteca causará realmente un daño a los ciudadanos. **Por ejemplo**, los estudiantes que no dispongan de materiales de referencia en casa, no podrán hacer los informes para la escuela. **Además**, el fin de semana es el único momento que tenemos para leer por placer las personas ocupadas como yo. ¡Un fin de semana sin libros sería como el 4 de julio sin fuegos artificiales!

Como pueden ver, cerrar la biblioteca los fines de semana hará más daño que bien. La ciudad debería mantenerla abierta los siete días de la semana.

Reid Daly
Miami, Fl 33299

Otras palabras de transición
En primer lugar
Para comenzar
Además
Por ejemplo
En conclusión

Nombre _____

Sigue las instrucciones de tu maestro para completar esta página.

1 Los miembros de la junta escolar han dicho que su mayor preocupación cuando eligen un lugar para una excursión es encontrar uno que "eduque e informe a los estudiantes". Creo que el parque acuático Riverside sería el lugar perfecto para la excursión.

Por definición, *educar* es _____

_____

_____. Además, _____

_____

_____

Por ejemplo, _____

_____

_____

_____. Además, _____

_____

_____

_____

Como pueden ver, _____

_____

_____

_____

2 En una hoja aparte, planea y escribe un editorial que diga si crees que la escuela debería solicitar a todos los estudiantes que realicen trabajos voluntarios. Incluye la definición de una palabra, como *voluntario*, como ayuda para que tu punto de vista sea más claro.

3 En una hoja aparte, planea y escribe un editorial para convencer a los lectores de crear un banco de alimentos comunitario. Incluye la definición de una palabra, como *comunitario*.

Respuesta a la literatura

Una **respuesta a la literatura** expresa una opinión sobre el tema, los personajes, la trama, el escenario o el estilo de una obra literaria.

Partes de una respuesta a la literatura

- Una introducción que expresa una opinión sobre el texto
- Un resumen de una parte o de todo un cuento
- Un desarrollo que incluye razones que respaldan la opinión
- Ejemplos del texto para apoyar esas razones
- Detalles organizados lógicamente
- Una conclusión que vuelve a expresar la opinión del escritor

Introducción
Una oración principal que expresa la opinión del escritor

Desarrollo
Razones que respaldan la opinión

Ejemplos
Palabras y sucesos que apoyan las razones del escritor

Conclusión
Vuelve a expresar la opinión del escritor.

En el cuento corto "Elecciones escolares", de Gary Soto, dos estudiantes compiten por la presidencia de la clase de quinto grado. Si hubiera votado en esa elección, habría votado por Miata. Creo que Miata es la mejor candidata.

En el debate, Miata hizo promesas de campaña realistas. Quiere limpiar la escuela y embellecer los salones de clases con flores. Rudy dice que hará los recreos más largos y que habrá helados en el comedor todos los días, no solo los viernes. Estas cosas serían más divertidas, pero parece que Rudy solamente las dice para obtener votos. Ningún estudiante podrá lograr estos cambios como presidente de quinto grado.

Al final del cuento, el padre de Miata le dice que continúe con la campaña, aunque Rudy sea más popular. Miata es quien tiene las mejores ideas de los dos candidatos y creo que sería el mejor presidente de quinto grado.

Otras palabras de transición
Al comienzo
Mientras tanto
Por último
En vez de
Antes que

Sigue las instrucciones de tu maestro para completar esta página.

1 (Juntos)

Teniendo en cuenta los detalles de la biografía de James Forten, de Walter Dean Myers, es fácil ver que la vida de un niño hijo de africanos libres en 1766 era muy diferente de la vida de los niños de hoy en Estados Unidos.

Primero, _____

_____ .

_____

Además, _____

_____ . Sin embargo, _____

_____ .

_____

_____

_____

_____ . Más importante aún, _____

_____

Finalmente, _____

_____

_____

2 (Tú)

En una hoja aparte, escribe una respuesta a "La casa de corteza de abedul", de Louise Erdrich, u otro cuento que conozcas. Podrías explicar por qué crees que la osa madre dejó a Omakayas tranquila en vez de atacarla.

3 (Tú)

En una hoja aparte, usa tu plan para escribir una respuesta a la literatura, o haz un nuevo plan para responder a otro cuento, como "Guerreros de la tormenta", de Elisa Carbone. Podrías escribir sobre si crees que el padre de Nathan debe cambiar de opinión con respecto a que Nathan sea surfista.

Argumento persuasivo

Un **argumento persuasivo** expresa una opinión e intenta convencer al lector para que esté de acuerdo con esa opinión.

Partes de un argumento persuasivo

- Una introducción que expresa con claridad la opinión del escritor
- Un desarrollo que da razones, datos y ejemplos que apoyan esa opinión
- Lenguaje persuasivo para convencer al lector
- Una conclusión que resume el argumento principal

Introducción
Expresa la opinión principal, o argumento.

Desarrollo
Respalda la opinión con razones, datos y ejemplos.

Lenguaje persuasivo
Ayuda a convencer al lector.

Conclusión
Resume la opinión y las razones.

Hoy en día, la mayoría de los niños no saben de dónde vienen los alimentos; solo saben que sus padres los traen a casa del supermercado. Creo que los estudiantes de la escuela se beneficiarían de trabajar en una huerta escolar que cuidemos nosotros mismos. Aparte de darnos alimentos para comer, también nos enseñaría lecciones valiosas de muchos temas.

En primer lugar, se desperdicia mucho alimento porque los niños dan por sentado que lo tienen. Si estuviéramos obligados a trabajar un poquito por el alimento que comemos, no nos apuraríamos a tomar más de lo que necesitamos a la hora del almuerzo. Además, aprender a cultivar nuestro propio alimento es una destreza que podríamos usar toda la vida.

La mayoría de los niños quieren trabajar mucho si al final hay una recompensa. No puedo imaginar nada más satisfactorio como recompensa que comer algo que cultivemos con nuestras propias manos. Una huerta escolar ahorraría dinero a la escuela y también sería una experiencia de aprendizaje para todos los involucrados.

Otras palabras de transición
Más importante aún
De igual modo
Además
Sobre todo
Por otra parte
Por consiguiente
A pesar de

Nombre _____

Sigue las instrucciones de tu maestro para completar esta página.

Nuestra escuela no está haciendo lo suficiente para motivar a los estudiantes a que se involucren con la comunidad. El consejo estudiantil debería formar un comité para ayudar a los estudiantes a encontrar maneras de ser voluntarios.

En primer lugar, _____

_____.

Por ejemplo, _____

_____

_____

_____

Además, _____

_____

_____

_____

Con el fin de _____

_____.

_____

_____ se conviertan en

miembros más activos de nuestra comunidad.

2 En una hoja aparte, escribe un argumento persuasivo para convencer al maestro de pasar más tiempo con tu materia preferida.

3 En una hoja aparte, usa tu plan de preparación para la escritura para escribir un argumento persuasivo, o haz un nuevo plan para escribir un argumento persuasivo con el que convenzas a los lectores de que adopten una mascota.

Ensayo de respuesta: Preparación para la escritura

Un **ensayo de respuesta** es un ensayo que responde una pregunta sobre cualquier aspecto de un texto, como el tema, la trama o los personajes.

Partes de la preparación para la escritura de un ensayo de respuesta

- Hacer una lluvia de ideas sobre el cuento que leíste
- Escribir tu opinión sobre un aspecto del cuento
- Usar un Mapa de T para escribir las razones que apoyan tu opinión
- Escribir detalles del texto para ilustrar cada razón

Tema: Greg es una persona de negocios inteligente.

Razones	Detalles
Creó un producto original.	• Sus revistas de historietas no eran largas y flexibles sino pequeñas y gruesas. • Sus historietas podían quedarse paradas por sí mismas.
Encontró algo que podía vender sin meterse en problemas.	• Los dulces y los juguetes estaban prohibidos por las reglas. • Se dio cuenta de que el objetivo de las revistas de historietas era la lectura.
Se esforzó mucho para hacer las historietas.	• Greg investigó cómo imprimir sus historietas. • Hizo un plan de las historietas antes de escribirlas.

Nombre _____

Sigue las instrucciones de tu maestro para completar esta página.

Razones	Detalles

En una hoja aparte, haz un Mapa de T para planear un ensayo de respuesta sobre otro cuento, como "El diario de Elisa" de Doris Luisa Oronoz o "Fiel amigo" de Frank Gibson.

En una hoja aparte, haz un Mapa de T para planear un ensayo de respuesta sobre otro cuento, como "Darnell Rock informa" de Walter Dean Myers.

Ensayo de respuesta

Un **ensayo de respuesta** es un ensayo que responde una pregunta o comparte una opinión sobre una parte de un texto, como el tema, la trama o los personajes.

Partes de un ensayo de respuesta

- Una introducción con una oración principal que expresa una opinión sobre el texto
- Un desarrollo que incluye razones que apoyan la opinión
- Ejemplos específicos del texto
- Detalles organizados en orden lógico
- Una conclusión que vuelve a expresar la opinión de manera contundente y convincente

Introducción
Oración principal

Desarrollo
Razones para apoyar la opinión

Ejemplos del texto

Conclusión
Vuelve a expresar la opinión.

En el cuento "Dinero para comer", de Andrew Clements, el personaje principal es un estudiante llamado Greg. Greg es una persona de negocios inteligente porque vende revistas de historietas en la escuela y es muy exitoso.

Greg demuestra que es inteligente al hacer una revista de historietas diferente de otras tiras cómicas. A diferencia de las revistas de historietas que se encuentran en las tiendas, las revistas de Greg son revistas pequeñas de dieciséis páginas, sólidas y fáciles de llevar. A los niños les encantan las historietas porque son únicas.

Greg sabía que tenía que encontrar algo que pudiera vender sin meterse en problemas. Como los caramelos y los juguetes estaban prohibidos por las reglas, Greg tuvo que pensar en otra cosa. Sabía que las revistas de historietas estarían permitidas porque alientan la lectura.

En el cuento Greg no solamente tuvo suerte. Al hacer un producto único y encontrar la manera de vender algo en la escuela sin meterse en problemas, se aseguró de que sería exitoso. Demostró que era una persona de negocios inteligente.

Otras palabras de transición
En primer lugar
Antes de que
Como resultado
Sin embargo
Dicho sea de paso

Sigue las instrucciones de tu maestro para completar esta página.

1 En "El diario de Elisa" de Doris Luisa Oronoz, Elisa se hace amiga de otro estudiante llamado José. Elisa y José tienen mucho en común, pero también son diferentes.

En primer lugar, _____

_____

_____ .

Además, _____

_____

_____ .

Sin embargo, _____

_____

_____

_____ . En vez de _____

_____

Al final del cuento, _____

_____

_____

_____

2 En una hoja aparte, usa tu plan para escribir un ensayo de respuesta que explique por qué crees que Elisa y su hermano no se llevan bien en "El diario de Elisa", o responde a otro cuento.

3 En una hoja aparte, usa tu plan de preparación para la escritura para escribir un ensayo de respuesta sobre un cuento que hayas leído, o usa lo que aprendiste para hacer un plan nuevo.

Párrafo de definición

Un **párrafo de definición** es un párrafo que explica un objeto o una idea en detalle.

Partes de un párrafo de definición

- Una introducción que nombra el objeto o la idea que se definirá
- Oraciones que contienen datos sobre el tema principal
- Detalles interesantes que atraen al lector
- Una organización lógica de los detalles de apoyo
- Una oración de cierre que resume la idea principal

Introducción
Nombra el tema principal.

Datos, ejemplos y detalles que interesarán al lector

Conclusión
Resume el tema principal.

La mariposa monarca es una de las mariposas más conocidas. Son insectos grandes que se identifican fácilmente por sus manchas anaranjadas, negras y blancas. Las monarcas viven tanto en América del Norte como en América del Sur y partes de Europa, la India y el Pacífico. Lo más destacado de la mariposa monarca es cómo migran las que viven en América del Norte. Cada otoño, millones de mariposas monarca que viven en lugares fríos de Estados Unidos y Canadá comienzan a volar al Sur. Algunas llegan a volar 2,000 millas. Todas las monarcas terminan en el mismo lugar de México cada año. La mariposa monarca solo vive dos meses, por tanto, ninguna mariposa monarca hace la migración más de una vez. Al final del invierno, las mariposas monarca se aparean. Las hembras viajan al Norte otra vez y van dejando los huevos a lo largo del camino, pero los machos mueren después del apareamiento. La mariposa monarca no es el único insecto que migra, pero es el más interesante.

Otras palabras de transición
Como
Incluso
Generalmente
Normalmente
En otras palabras
Específicamente

Nombre _____

Sigue las instrucciones de tu maestro para completar esta página.

1 Juntos

Mi animal preferido es _____.

_____

_____

Estos animales son interesantes porque _____

_____

_____

A diferencia de otros animales, _____

_____

_____

_____

_____

_____. Por ejemplo, _____

_____

En otras palabras, _____

_____

_____

En conclusión, _____

_____

_____

2 Tú En una hoja aparte, escribe un párrafo de definición sobre un animal que hiberna durante el invierno.

3 Tú En una hoja aparte, usa tu plan de preparación para la escritura para escribir un párrafo de definición, o haz un nuevo plan para escribir un párrafo sobre un animal nocturno, o activo de noche.

Entrada de diario

Un **diario** es un cuaderno en el que puedes escribir sobre lo que quieras. Puedes escribir sobre cosas que te hayan sucedido o sobre cosas que hayas aprendido.

Partes de una entrada de diario

- La fecha en la parte de arriba de la página
- Un inicio que diga sobre qué trata la entrada
- Detalles interesantes e importantes que muestran tus pensamientos y sentimientos
- No te preocupes mucho por la gramática y la ortografía. Estás expresando pensamientos e ideas para uso futuro.

1/10/12

¡La Colonia Roanoke es fantástica! Realmente esconde un gran misterio. ¿Cómo pudo desaparecer una colonia entera? Los historiadores todavía no saben qué sucedió realmente en Roanoke, pero nuestra clase está aprendiendo mucho más sobre las colonias. ¡Estoy muy emocionado con la excursión a la Williamsburg colonial! ¡Mamá dice que tengo un antepasado que vivió en Virginia hace doscientos años! Quiero saber más sobre cómo vivía mi antepasado.

Nombre _____

Sigue las instrucciones de tu maestro para completar esta página.

1 Ciencias es mi clase preferida. Me gustaría saber más de biología marina. Estoy

realmente interesado en _____

_____

_____

_____

_____

_____

_____

_____

2 Leí un libro realmente bueno la semana pasada. Se titula _____.

Trata sobre _____

_____

_____

_____

_____

_____

_____

3 En una hoja aparte, escribe una entrada de diario sobre algo
interesante que hayas aprendido esta semana.

Resumen

Un **resumen** es una descripción corta de las ideas principales y los detalles más importantes de un texto.

Partes de un resumen

- Una introducción que describe el tema principal del texto
- Un desarrollo que incluye las ideas principales y los detalles más importantes del texto
- Palabras de transición y frases que muestran una conexión entre los detalles y las ideas del resumen

Introducción
Describe el tema principal.

Desarrollo
Contiene las ideas principales más importantes.

Palabra de transición
Muestra una relación cronológica entre los detalles.

Conclusión
Detalles importantes del texto

Hoy leímos un cuento acerca de la extraordinaria carrera del astronauta Michael López-Alegría. Fue el comandante de una expedición a la Estación Espacial Internacional y estableció el récord de caminatas espaciales y de mayor tiempo en el espacio en 2007.

Michael López-Alegría creció en California. Cuando era niño, investigó una variedad de temas. López-Alegría fue a la Academia Naval de Estados Unidos después de la escuela secundaria y obtuvo dos títulos como ingeniero. Más tarde, fue piloto de la marina y comenzó el entrenamiento para ser astronauta. Finalmente, López-Alegría ayudó a armar la Estación Espacial Internacional, que cree fue el punto culminante de su carrera.

El cuento ofrece a los lectores una mirada cercana de la vida de un astronauta. También proporciona detalles fascinantes sobre la Estación Espacial Internacional, que fue un trabajo de dieciséis países y que, aún hoy, es el objeto tripulado más grande que haya en el espacio.

Otras palabras de transición
Antes
Mientras tanto
Como resultado
Al mismo tiempo
Finalmente
Actualmente
Previamente

Nombre _____

Sigue las instrucciones de tu maestro para completar esta página.

1 "La casa de corteza de abedul", de Louise Erdrich, cuenta la historia de

_____

_____

Después _____

_____

_____

Más tarde, _____

_____

Actualmente, _____

_____

_____

_____. Luego, _____

_____

_____ Además, _____

_____

_____

_____

_____

2 En una hoja aparte, escribe un resumen de cualquier cuento de tu libro de texto.

3 En una hoja aparte, usa tu plan de preparación para la escritura para escribir un resumen, o haz un nuevo plan para escribir un resumen sobre cualquier texto informativo de tu libro de texto.

Ensayo informativo: Preparación para la escritura

Un **ensayo informativo** explica un tema al lector con el uso de datos.

Una manera de planificar un ensayo informativo es con un esquema.

Partes de la preparación para la escritura de un ensayo informativo

- Hacer una lluvia de ideas sobre los temas que quieres presentarles a los lectores
- Elegir el tema principal y escribir una oración principal
- Hacer una lista de detalles que apoyen la idea principal
- Tomar los detalles de la lista que hiciste y organízalos en un esquema que te guiará cuando escribas el ensayo

Oración principal: La Venus atrapamoscas es una planta extraña.

I. Introducción: Venus atrapamoscas
   A. Se encuentra en Carolina del Norte y del Sur.
   B. Vive en zonas húmedas y soleadas.

II. Hábitos de alimentación
   A. Produce su propio alimento con la energía del Sol.
   B. También come insectos pequeños.
   C. Tiene hojas que atrapan la presa.
   D. Tarda una semana en digerirla.

III. Conclusión
   A. Es la planta carnívora más popular.
   B. La gente la obtiene de la naturaleza.
   C. Hay más en casas y viveros que en la naturaleza.

Nombre _____

Sigue las instrucciones de tu maestro para completar esta página.

1   Oración principal: _____.

I. Introducción: _____

    A. _____

    B. _____

    C. _____

II. La historia de mi Estado

    A. _____

    B. _____

    C. _____

III. Eventos especiales en mi Estado

    A. _____

    B. _____

    C. _____

IV. Conclusión

    A. _____

    B. _____

    C. _____

2   En una hoja aparte, planea un ensayo informativo sobre un insecto o una planta que se pueda encontrar donde vives.

3   En una hoja aparte, planea un ensayo informativo sobre un lugar que te gusta visitar.

Ensayo informativo

Un **ensayo informativo** explica un tema al lector con el uso de datos.

Partes de un ensayo informativo

- Un párrafo de introducción que incluye la oración principal
- Párrafos centrales con detalles que apoyan la idea principal
- Detalles y datos presentados en un orden lógico
- Una conclusión que resume el ensayo

Introducción
Oración principal

Muchos animales comen plantas, pero, ¿sabías que algunas plantas comen animales? La Venus atrapamoscas es una planta que crece en un área pequeña de Carolina del Norte y del Sur. Vive en hábitats húmedos y soleados, como ciénagas y pantanos. La Venus atrapamoscas es una planta muy extraña.

Desarrollo
Detalles que apoyan la idea principal

Como otras plantas, la Venus atrapamoscas produce su propio alimento con la energía del sol. A diferencia de otras plantas, la Venus atrapamoscas también come pequeños insectos como moscas y grillos. La Venus atrapamoscas tiene hojas que parecen vainas pequeñas. Cuando un insecto se posa en una de estas hojas especiales, la trampa se cierra. El insecto queda atrapado adentro. La Venus atrapamoscas tarda una semana en digerir un insecto pequeño.

Organización lógica de detalles y datos

La Venus atrapamoscas no es la única planta carnívora, pero es la más popular. A mucha gente le gusta tener Venus atrapamoscas como plantas de casa. Demasiada gente ha sacado estas plantas de su hábitat natural. Ahora hay más Venus atrapamoscas en las casas y en los viveros que en la naturaleza.

Conclusión
Enlaza los detalles del ensayo.

Otras palabras de transición
Del mismo modo
Además
Debido a
Por ejemplo
Sin duda

Nombre _____

Sigue las instrucciones de tu maestro para completar esta página.

1

Una de las personas más importantes de la historia de mi Estado fue _____

_____

_____

En primer lugar, _____

_____

_____

_____

De hecho, _____

_____

_____

Como puedes ver, _____

_____

_____

_____

_____.Por tanto, _____

_____

_____

2

En una hoja aparte, usa tu plan para escribir un ensayo informativo
sobre un insecto o una planta que se puede encontrar donde vives, o
haz un plan nuevo para escribir un ensayo informativo.

3

En una hoja aparte, usa tu plan para escribir un ensayo informativo
sobre un lugar que te gusta visitar.

Preparación para la escritura

El **proceso de escritura** es más fácil si lo divides en cinco etapas. Las etapas son: preparación para la escritura, hacer un borrador, revisar, corregir y publicar. A medida que escribes, puedes volver a cualquier etapa. La **preparación para la escritura** es la etapa de planificación previa a la escritura.

Preparación para la escritura

- Primero, elige un tema. Para hacer una lluvia de ideas con el fin de buscar temas posibles, puedes hacer una lista, mirar cosas que ya hayas escrito o pensar en lo que te ha sucedido.

- Una vez que hayas elegido el tema, puedes escribir libremente o tomar notas para desarrollar ideas. Encierra en un círculo las ideas que más te gusten.

- Usa un organizador gráfico para ordenar las ideas y la información.

1 Haz una lluvia de ideas para hacer una lista.

- ¡La computadora se comió mi tarea!
- Necesitamos una clase de animación por computadora.
- Las computadoras son mejores que la televisión.
- La tecnología informática está en constante cambio.

2 Escritura libre

Necesitamos una clase de animación por computadora en nuestra escuela. A todos les va a encantar. No sería muy cara. El maestro Debbs podría darla. Aprender animación sería divertido. Nos ayudará a conseguir trabajo algún día. Nos podría ayudar a ser más creativos.

3 Organizar la información

Tema: Necesitamos una clase de animación por computadora.

La escuela debería tener una clase de animación por computadora.

- Nos ayudará a conseguir trabajo algún día.
- Nos ayuda a ser más creativos.
- Nos divertimos mientras aprendemos.

Cuando organices la información, elige el organizador gráfico que
funcione mejor con tu tarea, público y propósito (TPP).

Mapa del cuento para narrativas

Personaje	Escenario

Trama:

Inicio:

Desarrollo:

Final:

Mapa de inferencias

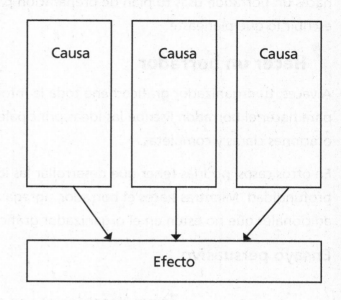

**Diagrama de Venn para
comparar y contrastar**

Semejanzas

Diferencias

Red para organizar los detalles

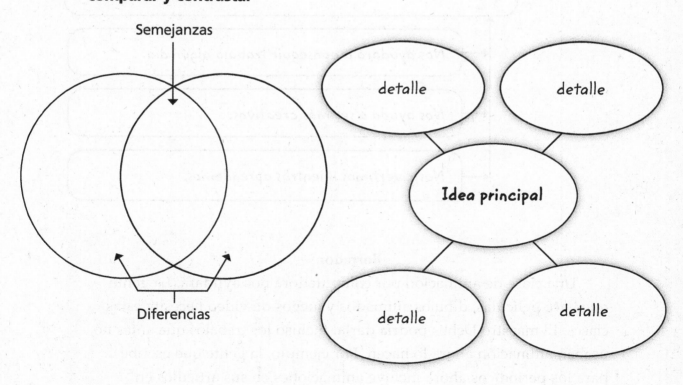

Hacer un borrador

Hacer un borrador es la segunda etapa del proceso de escritura. Cuando haces un borrador, usas tu plan de preparación para la escritura para escribir lo que planeaste.

Hacer un borrador

A veces, tu organizador gráfico tiene toda la información que te hace falta para hacer el borrador. Escribe las ideas principales y los detalles en oraciones claras y completas.

En otros casos, podrías tener que desarrollar las ideas en mayor profundidad. Mientras haces el borrador, agrega detalles o ideas adicionales que no estén en el organizador gráfico.

Ensayo persuasivo

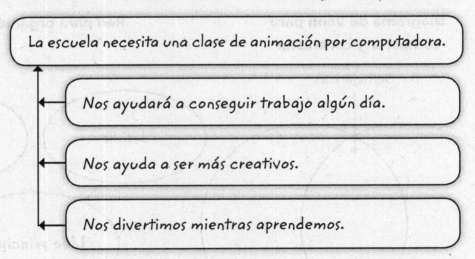

Tema: Necesitamos una clase de animación por computadora.

La escuela necesita una clase de animación por computadora.

Nos ayudará a conseguir trabajo algún día.

Nos ayuda a ser más creativos.

Nos divertimos mientras aprendemos.

Borrador

Una clase de animación por computadora nos ayudará. La gente que hace películas, dibujos animados y juegos de video necesita estas clases. El maestro Debbs podría darla. Incluso los trabajos que antes no usaban animación ahora lo hacen. Por ejemplo, la gente que escribe para los periódicos ahora incluye animaciones en sus artículos en Internet. No sabemos si tendremos que aprender estas destrezas para nuestros trabajos.

La etapa de hacer un borrador, a veces se llama *escritura del primer borrador*. En esta etapa, escribe tus ideas en oraciones completas y agrega más ideas a medida que te surjan. No te preocupes si tu borrador no está del todo bien. Puedes hacer cambios y arreglar los errores en una etapa posterior.

Ficción narrativa

Tema: ¡La computadora se comió mi tarea!

maestra	Patricia
Preocupada, pide las tareas. No le cree a Patricia.	"No lo creerá: la computadora se la comió". Tiene un poco de miedo. Intenta convencer a la maestra.

Borrador

—Patricia, ¿dónde está tu tarea? —preguntó la maestra Burns con el ceño ligeramente fruncido—. Generalmente no te atrasas con la tarea.

—¡Nunca me creerá! —lloró Patricia—. La computadora se la comió. Patricia estaba un poco preocupada por lo que pudiera pasar.

—Ahora lo he escuchado todo —dijo la maestra Burns.

—Es verdad —dijo Patricia—. ¡Una boca enorme apareció en la pantalla!

La maestra Burns frunció el ceño:

—Nunca antes había escuchado algo así.

Revisar

La tercera etapa del proceso de escritura es **revisar**. Cuando revisas, mejoras tu borrador.

✎ Revisar

- Asegúrate de que las ideas principales estén claras.
- Elimina información que no apoye el tema o la idea principal.
- Agrega detalles que apoyen mejor el tema o las ideas principales.
- Reorganiza las oraciones para que tengan un orden claro y lógico.
- Asegúrate de que las palabras y la información sean concisas.
- Si es necesario, agrega palabras de transición y frases.

Maneras de revisar

- Usa marcas editoriales para mostrar los cambios.
- Agrega palabras, oraciones o párrafos.

Marcas editoriales
≡ Cambiar a mayúscula.
∧ Insertar.
℘ Borrar.
⊙ Colocar un punto.
⋏ Insertar una coma.
/ Cambiar a minúscula.

Borrador

a conseguir trabajo algún día

Una clase de animación por computadora nos ayudará. La gente que
∧

hace películas, dibujos animados y juegos de video necesita estas clases.

El maestro Debbs podría darla. Incluso los trabajos que antes no usaban

animación ahora la usan. Por ejemplo, la gente que escribe para los

periódicos, ahora incluye animaciones en sus artículos en Internet.

No sabemos si tendremos que aprender estas destrezas para

Si ahora tomamos clases, estaremos preparados para el futuro.
nuestros trabajos. ∧

- Elimina palabras o información innecesaria.

Borrador

a conseguir trabajo algún día
Una clase de animación por computadora nos ayudará. La gente
∧

que hace películas, dibujos animados y juegos de video necesita estas

clases. ~~El maestro Debbs podría darla.~~ Incluso los trabajos que antes

no usaban animación ahora lo hacen. Por ejemplo, la gente que escribe

para los periódicos, ahora incluye animaciones en sus artículos en

Internet. No sabemos si tendremos que aprender estas destrezas para
Si ahora tomamos clases, estaremos preparados para el futuro.
nuestros trabajos. ∧

- Agrega información para que el escrito sea más conciso.

Borrador

a conseguir trabajo algún día
Una clase de animación por computadora nos ayudará. La gente
∧

que hace películas, dibujos animados y juegos de video necesita estas

clases. ~~El maestro Debbs podría darla.~~ Incluso los trabajos que antes no

usaban animación ahora lo hacen. Por ejemplo, la gente que escribe para
mapas animados, gráficas e imágenes
los periódicos, ahora incluye ~~animaciones~~ en sus artículos en Internet.
∧

No sabemos si tendremos que aprender estas destrezas para nuestros
Si ahora tomamos clases, estaremos preparados para el futuro.
trabajos.
∧

Corregir

Corregir es la etapa del proceso de escritura que por lo general le sigue a revisar. Durante esta etapa, corriges cualquier error que hayas cometido.

Corregir

- Busca y corrige errores en la puntuación, las letras mayúsculas, la ortografía y la gramática.
- Asegúrate de que tus oraciones estén completas y sean correctas. Revisa las oraciones seguidas o los fragmentos. También asegúrate de que haya concordancia entre los sujetos y los verbos.
- Si corriges en papel, usa marcas editoriales.
- Si corriges en computadora, usa el corrector de ortografía y gramática. Revisa dos veces tu trabajo. La computadora no detecta todo.

Marcas editoriales
≡ Cambiar a mayúscula.
∧ Insertar.
℈ Borrar.
⊙ Colocar un punto.
⅄ Insertar una coma.
/ Cambiar a minúscula.

Borrador corregido

Necesitamos una clase de animación por computadora

en mi opinión, la oportunidad de ser creativ os s es muy importante.

La animación por computadora nos proporcionará una maneras de

aprender Y de usar nuestra imaginación.

Publicar

La última etapa del proceso de escritura es **publicar.** Al publicar, compartes tu escrito con otros.

✏ Publicar

- Al publicar, preparas una versión final de tu escrito para presentarlo al público.
- El producto final puede ser un discurso o una presentación oral, un cartel, una presentación visual o un escrito impreso. Usa una computadora o tu mejor caligrafía para la copia final. Quizás quieras incluir gráficas, como dibujos o tablas.
- Crea un portafolio de los escritos que quieres guardar.

> ### ¡Nuestra escuela necesita animación por computadora ahora!
> por Alexander Rothstein
>
> Una clase de animación por computadora nos ayudará a conseguir trabajo algún día. La gente que hace películas, dibujos animados y juegos de video necesita estas clases. Incuso los trabajos que antes no usaban animación ahora la usan. Por ejemplo, la gente que escribe para los periódicos, ahora incluye mapas animados gráficas e imágenes en sus artículos en Internet. Todavía no sabemos con certeza si tendremos que aprender estas destrezas para nuestros trabajos. Sin embargo, si ahora tomamos clases, estaremos preparados para el futuro.

Ideas

Las ideas, la organización, la elección de palabras, la voz, la fluidez en las oraciones y las convenciones son las seis características de la escritura. Estas características se encuentran en todos los buenos escritos. Las **ideas** son los pensamientos que transmitirás con tu escrito.

Ideas

- Haz una lluvia de ideas sobre temas posibles y elige uno sobre el que escribirás. Asegúrate de que el tema sea suficientemente conciso o específico para abarcar un escrito.
- Haz una lista con todas las ideas sobre el tema. Selecciona dos o tres ideas principales para enfocarte.
- Desecha las ideas que no se ajustan al tema.
- Organiza tus ideas en un organizador gráfico.

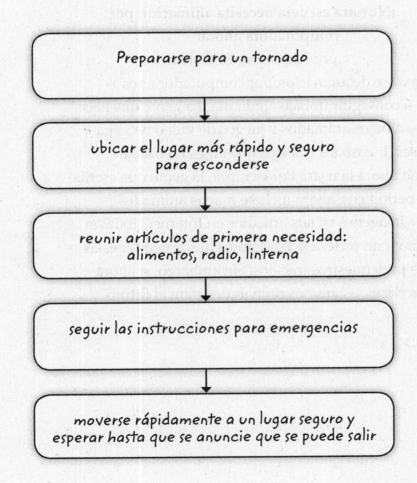

Prepararse para un tornado

↓

ubicar el lugar más rápido y seguro para esconderse

↓

reunir artículos de primera necesidad: alimentos, radio, linterna

↓

seguir las instrucciones para emergencias

↓

moverse rápidamente a un lugar seguro y esperar hasta que se anuncie que se puede salir

Escritura narrativa

- Piensa en los personajes, la trama y el escenario.
- Posibles organizadores gráficos para las ideas: mapa del cuento, tabla de cinco preguntas, tabla de columnas

Personaje	Mi propia experiencia	Inferencia sobre el personaje
A James le gusta viajar.	Disfruto de los viajes. Son divertidos y emocionantes. Parecen aventuras.	James es aventurero.
El perro de James, Sergio, viaja con él.	Mi perro Ralph es amistoso y le gusta salir a caminar.	Sergio es simpático y un buen compañero.

Escritura informativa

- Haz una lista de los detalles y preguntas que tienes sobre un tema.
- Posibles organizadores gráficos para las ideas: organigrama, tarjetas de notas, tabla de S-Q-A

S - Lo que sé	Q - Lo que quiero saber	A - Lo que aprendí
1. Los científicos estudian si hay vida en Marte. 2. Envían robots para reunir datos. Los robots se llaman Exploradores de Marte.	1. ¿Qué tecnología nueva usan los científicos para explorar Marte? 2. ¿Cómo saben si hay o hubo vida en Marte?	1. El Explorador de Marte más nuevo se llama "Curiosity". 2. Los científicos buscan evidencia de que hubo agua en Marte.

Escritura persuasiva

- Escribe tu objetivo u opinión y luego investiga razones, datos y ejemplos.
- Posibles organizadores gráficos para las ideas: mapa de apoyo de ideas, tabla de columnas, mapa de T

Opinión	Razones
El hockey es el mejor deporte.	-- Se requiere destreza para patinar y mover el palo de hockey. -- Es rápido y divertido. -- Puedes jugar al aire libre en el verano y adentro el resto del año.

Organización

La **organización** es el orden en que presentas tus ideas. Distintos tipos de escritos necesitan distintos tipos de organización.

✏ Organización

- Elige un orden de ideas que funcione para el tipo de escrito que estás realizando. Por ejemplo, un informe de investigación se divide por lo general en párrafos, cada uno con una idea principal y detalles.

- Otras maneras de organización son orden cronológico, comparar y contrastar, problema y solución, y causa y efecto.

Escritura narrativa

- Orden cronológico, o en secuencia: sucesos contados en el orden en que ocurrieron
- Personajes, trama, escenario y un problema para resolver
- Un inicio que capta el interés de los lectores
- Un desarrollo con detalles interesantes sobre los sucesos
- Un final que dice cómo terminó el cuento o cómo se sentía el escritor

Inicio → En mi primer viaje a la India, estaba abrumada por los panoramas, los sonidos y los olores. Era muy diferente a lo que estaba acostumbrada en Estados Unidos. No estaba segura de si me iba a gustar.

Desarrollo → Cuando finalmente llegué a la casa de mi tía Bina, me sorprendí porque su vida era muy diferente de la mía. No solamente no hacía las compras en un supermercado. Iba a muchos puestos en los distintos mercados para comprar diferentes alimentos. Era extraño, pero las comidas que cocinaba ¡eran deliciosas! Además, algunas de las personas que vimos vestían de manera diferente de como lo hacen en casa. En lugar de camisas y pantalones, muchas mujeres vestían saris, que son piezas de tela largas y coloridas que se envuelven alrededor del cuerpo como un vestido.

Final → Me tomó un tiempo acostumbrarme, ¡pero ahora me encanta visitar a la tía Bina! Tengo pensado visitarla otra vez la primavera que viene.

Escritura informativa

- Información presentada en orden lógico
- Una introducción que capta la atención de los lectores
- Un desarrollo que presenta la información, explica las ideas o define los términos importantes
- Una conclusión que resume la información

Introducción ●→   Harriet Tubman fue una persona importante en la historia de nuestra nación. Aunque no sabía leer ni escribir, su valentía ayudó a salvar a cientos de personas.

Desarrollo ●→   Nació como esclava en Maryland en 1820. Se casó con John Tubman, un esclavo liberado. Cuando tenía 30 años, dejó a su familia y se fue a Filadelfia, donde aprendió todo sobre el movimiento abolicionista y el Ferrocarril Clandestino.

Conclusión ●→   Harriet ayudó a liberar a unos 300 esclavos. Luchó con valentía por la igualdad de derechos para los afroamericanos hasta que murió en 1913.

Escritura persuasiva

- Una introducción, un desarrollo y una conclusión como en la escritura informativa
- Razones presentadas en orden lógico, por ejemplo: de la menos importante a la más importante

  Es bueno que las máquinas expendedoras de nuestra escuela no vendan más gaseosas. El agua y los jugos son mejores opciones.

Razones ●→   Hay mucha azúcar en una lata de gaseosa. La gaseosa te puede despertar por un rato, pero después de una hora o más te sientes realmente cansado. Además, el azúcar es mala para los dientes.

  El jugo es una mejor opción. El jugo no tiene tanta azúcar, y el azúcar que tiene es natural. Esto significa que tu cuerpo la absorbe de manera diferente. El jugo tampoco tiene cafeína. Además, ¡el jugo tiene muchas más vitaminas!

Voz

La **voz** y la **elección de palabras** influyen en los lectores. La voz es la manera única que tiene el escritor para decir las cosas.

✏ Voz

- La voz que usa el escritor permite que el público conozca cómo es el escritor.

- Establece el tono o sentimiento general de un escrito. El tono muestra cómo se siente el escritor con respecto al tema.

- Haz que tu voz concuerde con tu propósito. Una voz narrativa suena personal y natural. Una voz informativa suena bien informada y menos personal. Una voz persuasiva suena convincente y positiva.

Voz informal: Se usa en las cartas amistosas y en los relatos personales.

> Querida Penny:
>
> ¡No puedo esperar para ir al campamento! Será genial tenerte de compañera de litera. Vamos a hacer muchas excursiones y paseos en bote. Tengo mucha suerte ¡porque voy al campamento con mi mejor amiga!
>
> Con cariño,
> Lila

Voz formal: Se usa en las cartas comerciales, la escritura informativa, los informes y las instrucciones.

> Cuando la Luna gira alrededor de la Tierra, podemos ver las partes más brillantes de su superficie reflejadas en distintos ángulos. Estas partes brillantes se conocen comúnmente como "fases" de la Luna. Cada fase de la Luna depende de la posición del Sol y de la Tierra.

Elección de palabras

Una buena **elección de palabras** ayuda a crear una imagen en la mente de los lectores. Ayuda a describir a los personajes, los escenarios y las acciones. Reemplaza las palabras confusas con palabras más exactas.

Elección de palabras

- Una buena elección de palabras ayuda a crear una imagen en la mente de los lectores.
- Las palabras precisas ayudan a los lectores a saber exactamente lo que quieres decir. Por ejemplo, *zanahorias* es una palabra más precisa o exacta que *alimento*.

Primer borrador

María y yo no conseguíamos que la cosa volara. Cada vez que lo intentábamos, el viento se detenía. María intentaba correr hacia un lado. Yo intentaba correr hacia el otro. Aún así, no lográbamos que despegara del suelo.

—Intentemos una vez más —dijo María y señaló algo.

Subimos una colina. Esta vez un viento fuerte levantó la cometa hacia el cielo. María gritó. Volamos la cometa hasta tarde.

Borrador revisado con elección de palabras

Mi hermana María y yo no conseguíamos que la cometa volara. Cada vez que lo intentábamos, el viento se detenía. María intentaba correr a la izquierda. Yo intentaba correr a la derecha. Aún así, no lográbamos que la cometa despegara del suelo.

—Intentemos una vez más —dijo María y señaló una colina a lo lejos.

Escalamos la colina. Esta vez un viento fuerte levantó la cometa hacia el cielo. María aplaudía y saltaba. Volamos la cometa hasta que empezó a ponerse el Sol.

Fluidez de las oraciones

Las características de la escritura son las cualidades que se encuentran en todos los buenos escritos. Verificar la **fluidez de las oraciones** ayudará a que tu escrito fluya naturalmente para los lectores.

Fluidez de las oraciones

- Usa una mezcla de oraciones cortas y largas.
- Varía la manera en que comienzan las oraciones. No comiences siempre con el sujeto. También puedes comenzar usando palabras o frases de transición.
- Usa distintos tipos de oraciones, como preguntas, enunciados y exclamaciones.
- Lee tu escrito en voz alta y escucha cómo fluye.

Revisa las oraciones poco fluidas para formar oraciones más fluidas.

Oraciones poco fluidas

Chantal quiso explorar las cavernas. Necesitaba entrenarse. Chantal lo sabía. Pero tenía que tomar una clase. La clase le enseñó las normas de seguridad. Se necesita un certificado para poder explorarlas. Los guardaparques no la dejarían hacerlo. Entonces, Chantal tomó la clase. Trabajó mucho. Obtuvo su certificado. Se aseguró de llevar una cámara a su primer viaje de exploración a las cavernas.

Oraciones más fluidas

Chantal había querido explorar las cavernas toda su vida. Además, sabía que tenía que entrenarse y tomar una clase de normas de seguridad antes de hacerlo. Sin el certificado apropiado, los guardaparques no le permitirían explorar las cavernas. Entonces, Chantal tomó la clase. Trabajó mucho y obtuvo el certificado. En su primer viaje de exploración a las cavernas, se aseguró de llevar una cámara.

Combina oraciones poco fluidas para formar oraciones más largas y fluidas.

Oraciones poco fluidas

El jardín necesitaba ser rastrillado. El jardín estaba cubierto de hojas.

Una ardilla cavó en el jardín. Desenterró zanahorias, lechuga y pimientos.

Oraciones más largas y fluidas

El jardín necesitaba ser rastrillado porque estaba cubierto de hojas.

Una ardilla estuvo cavando en la huerta y desenterró las zanahorias, la lechuga y los pimientos.

Usa una variedad de comienzos de oraciones.

Demasiadas oraciones que comienzan de la misma manera

Sam quería el papel. Sam sabía que era perfecto para el papel. Sam había practicado las líneas todo el día. Practicaba las líneas mirándose en el espejo. Dijo: "Obtendré este papel".

Comienzos variados

Sam quería el papel y sabía que era perfecto para ese rol. Practicó las líneas todo el día. Mientras practicaba mirándose en el espejo, se dijo en voz alta: "Obtendré este papel".

Usa oraciones de distintas longitudes y diferentes tipos de oraciones.

Demasiadas oraciones de la misma longitud y del mismo tipo

El bicarbonato de sodio se puede usar para muchos propósitos. Lo puedes mezclar con agua y usarlo para aliviar las picaduras de insectos. Se puede usar para quitar las marcas de desgaste del piso. También se puede usar para limpiar el microondas y el lavavajillas.

Varias longitudes y tipos

El bicarbonato de sodio se puede usar para muchos propósitos. Puedes mezclarlo con agua para aliviar las picaduras de insectos. ¿Tienes marcas de desgaste en el piso? Usa bicarbonato de sodio ¡y deshazte de ellas! La próxima vez que limpies tu microondas y lavavajillas, agrega una pequeña cantidad de bicarbonato de sodio para eliminar olores y manchas.

Normas

Las **normas** son reglas de gramática, ortografía, puntuación y letras mayúsculas. Cuando corrijas tu escrito, revisa las normas.

Normas

- Revisa los errores en el uso de las letras mayúsculas, la gramática, la puntuación y la ortografía.
- Asegúrate de que comienzas un párrafo nuevo por cada idea principal. Recuerda dejar sangría al comienzo de cada párrafo.
- Usa una lista de control de corrección y revisa los errores comunes cuando corrijas. Usa marcas editoriales para mostrar los cambios.

Lista de control de corrección

Usa una lista de control de corrección para revisar tu escrito.

_____ Las oraciones tienen distintas longitudes.

_____ Usé distintos tipos de oraciones.

_____ Las oraciones están completas.

_____ Usé correctamente la puntuación.

_____ Las palabras tienen la ortografía correcta.

_____ Usé correctamente las letras mayúsculas.

_____ Comencé cada párrafo con sangría.

Marcas editoriales

≡	Cambiar a mayúscula.
∧	Insertar.
ℛ	Borrar.
⊙	Colocar un punto.
⋏	Insertar una coma.
/	Cambiar a minúscula.

Errores comunes

Mientras escribes, revisa los errores comunes en el uso de las letras mayúsculas, la gramática, la puntuación y la ortografía.

Verbos irregulares

Un **verbo irregular** es un verbo que no sigue el patrón regular de conjugación.

Manera incorrecta	Manera correcta
Traducí el párrafo con el maestro.	Traduje el párrafo con el maestro.
Los amigos andaron en bicicleta por el parque.	Los amigos anduvieron en bicicleta por el parque.

Palabras que suelen confundirse

Algunas palabras son fáciles de confundir. Asegúrate de que usas la palabra correcta.

Manera incorrecta	Manera correcta
Juan y Daniel pintan una ralla amarilla para el juego.	Juan y Daniel pintan una raya amarilla para el juego.
Olivia quiere adaptar un perrito como mascota.	Olivia quiere adoptar un perrito como mascota.

Tiempo verbal

Los tiempos verbales nos dicen qué sucedió en el pasado, presente o futuro.

Manera incorrecta	Manera correcta
La semana pasada tengo una cita con el dentista.	La semana pasada tuve una cita con el dentista.
Veía a Jonah el próximo jueves.	Veré a Jonah el próximo jueves.

El verbo *ser*

El verbo *ser* es uno de los que se suele usar de manera incorrecta.

Manera incorrecta	Manera correcta
Ella eres alguien muy especial.	Ella es alguien muy especial.
Voy a ser un pastel de manzanas.	Voy a hacer un pastel de manzanas.
¡Vamos a hacer buenos amigos!	¡Vamos a ser buenos amigos!

Taller de escritura

En un **taller de escritura,** los escritores leen el borrador revisado de otros escritores y hacen una crítica constructiva. Los comentarios respetuosos ayudan a los escritores a corregir los errores y a mejorar el escrito.

 ## Conferencia colectiva

- Dale a cada uno una copia de tu trabajo.
- Lee tu escrito en voz alta o pídele a alguien que lo lea en voz alta.
- Cuando otros escritores lean, escucha con atención y toma apuntes.
- Haz comentarios y sugerencias específicas. Di exactamente qué cambiarías y por qué.
- Sé educado y respetuoso. Sugiere siempre algunas maneras de mejorar el escrito junto con las críticas.

Azabache

La autora Anna Sewell escribió *Azabache* hace mucho tiempo. Dicho desde su punto de vista, es un cuento que trata sobre un caballo. Muchas cosas buenas y cosas malas le suceden a Azabache. Creció en la granja del granjero Grey, donde lo trattan bien y tiene muchos amigos. Después va a trabajar tirando de taxis en la gran ciudad. El Sr. Nicholas Skinner, propietario del taxi, es cruel. Finalmente, Azabache vuelve al campo, donde tres señoras cuidan bien de él. El mensaje del libro es que seamos amables con los animales y con otras personas.

Puedes hacer distintos tipos de comentarios en un taller de escritura.

Ofrece consejos específicos:
En lugar de "hace mucho tiempo" sería mejor decir el año exacto.

Sugiere maneras de mejorar el escrito:
Si cambias de lugar algunas palabras de esta oración, tendría más sentido.

Ayuda al escritor con la corrección:
Revisa varias veces la ortografía.

Haz sugerencias de manera positiva:
En vez de "gran ciudad", sería un buen detalle escribir el nombre de la ciudad.

Haz preguntas:
¿Qué hace Skinner que es tan cruel?

Ofrece elogios además de críticas:
¡La oración final es muy buena!

Guía para una conferencia de escritura

El papel del escritor

☐ Dale una copia de tu escrito a cada uno de los miembros de tu grupo. Toma apuntes sobre el escrito.

☐ Presenta tu escrito. Lee en voz alta o deja que tus compañeros lo lean en silencio.

☐ Pide que hagan comentarios y escucha con atención. Intenta no tomar los comentarios de manera personal.

☐ Mantén la mente abierta.

☐ Toma apuntes o escribe las sugerencias como ayuda para recordarlas.

☐ Pide consejos sobre cualquier cosa con la que tengas dificultades.

☐ Cuando vuelvas a leer tu escrito después del taller, usa tus apuntes para revisar y hacer correcciones.

El papel del que responde

☐ Escucha o lee el escrito con atención.

☐ Toma apuntes sobre el escrito.

☐ Haz preguntas sobre las cosas que no comprendas.

☐ Sé respetuoso, positivo y constructivo cuando hagas comentarios.

☐ Tus comentarios también tienen que ser específicos.

☐ Si identificas un problema en el escrito, asegúrate de sugerir una solución.

Comentarios negativos y poco constructivos	Comentarios positivos y constructivos
¡Este cuento es genial!	Me encantó la manera en que usaste la rima en las palabras de la primera parte. Realmente funciona.
Esto suena aburrido.	
Parece que algo le falta.	Todos los párrafos comienzan igual. ¿Podrías cambiar eso?
¡Este cuento apesta!	¿Cuántos años se supone que tiene Chuck?
	Creo que puedes cambiar algunas cosas para mejorar el cuento.

Usar Internet

Puedes usar la computadora para investigar y buscar información de manera rápida y fácil.

✏ Investigar en Internet

- Usa un motor de búsqueda confiable. Ingresa palabras clave que te ayuden a encontrar información sobre el tema.

- Usa sitios web de organizaciones que conozcas o en las que puedas confiar. Los sitios que terminan en *.org*, *.gov* o *.edu* son fuentes confiables. También intenta con enciclopedias en línea.

- Recuerda citar las fuentes. Incluye el autor y el título del artículo o el nombre del sitio web, el nombre de la organización que publica el sitio web, la fecha de publicación del artículo, la palabra *web* y la fecha en la que accediste a la información.

- Aunque no puedas encontrar toda la información de las citas, escribe la información que tengas.

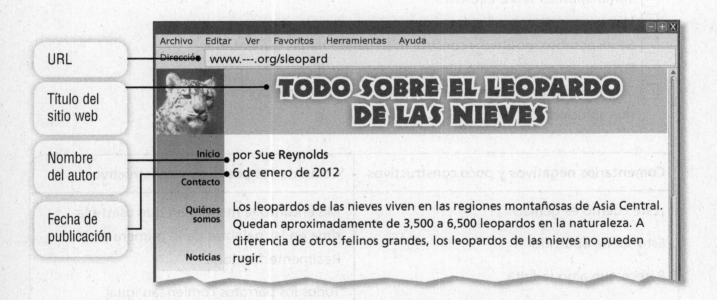

Cita: Reynolds, Sue. "Todo sobre el leopardo de las nieves". Sociedad de Conservación de los Felinos Grandes, 6 de enero de 2012. Web. 15 de febrero de 2013.

Cuando visitas un sitio web con información útil, asegúrate de escribir la fuente.

Cita: Stevens, Patrick. "*Blog* de genealogía". Universidad de Overlea, Web. 26 de julio de 2012. patricksblog.---.com

Cuando usas información de un sitio web, asegúrate de escribirla con tus propias palabras.

Borrador

Hay muchos tipos de árboles en los 35 bosques estatales de la Florida. El más común es la palmera.

Fuente: Morrell, Frank. "Árboles de la Florida". Departamento de agricultura y servicios al consumidor de la Florida. Web. enero de 2012. www.---.net

Escribir en Internet

Hay muchas maneras de usar la tecnología para escribir. Una manera es escribir en Internet.

Correo electrónico

Un correo electrónico es como una carta. Puedes enviar uno inmediatamente a cualquier persona en el mundo. Un correo electrónico a un amigo o familiar puede ser informal, pero un correo electrónico a alguien que no conoces bien debería ser más formal. Un correo electrónico formal, como el de abajo, es como una carta de negocios.

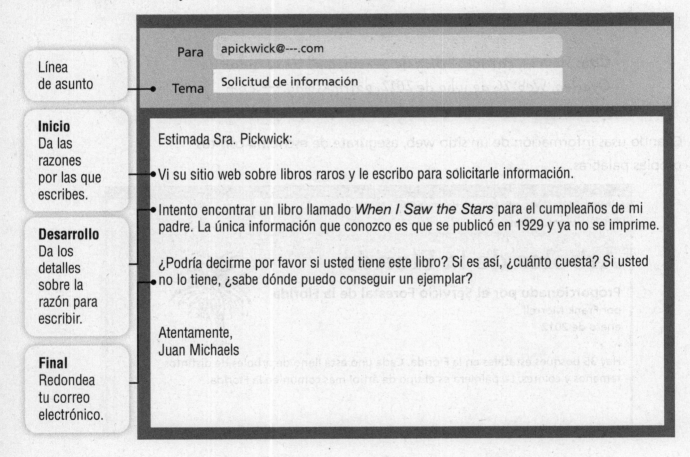

Línea de asunto

Inicio
Da las razones por las que escribes.

Desarrollo
Da los detalles sobre la razón para escribir.

Final
Redondea tu correo electrónico.

Para   apickwick@---.com

Tema   Solicitud de información

Estimada Sra. Pickwick:

Vi su sitio web sobre libros raros y le escribo para solicitarle información.

Intento encontrar un libro llamado *When I Saw the Stars* para el cumpleaños de mi padre. La única información que conozco es que se publicó en 1929 y ya no se imprime.

¿Podría decirme por favor si usted tiene este libro? Si es así, ¿cuánto cuesta? Si usted no lo tiene, ¿sabe dónde puedo conseguir un ejemplar?

Atentamente,
Juan Michaels

Entrada de *blog*

Blog es la abreviatura de "weblog" (bitácora web). Es un diario que escribes en Internet para que otras personas puedan leerlo y hacer comentarios. Las entradas de *blog* son mensajes cortos, o también pueden ser ensayos que dan información y opiniones.

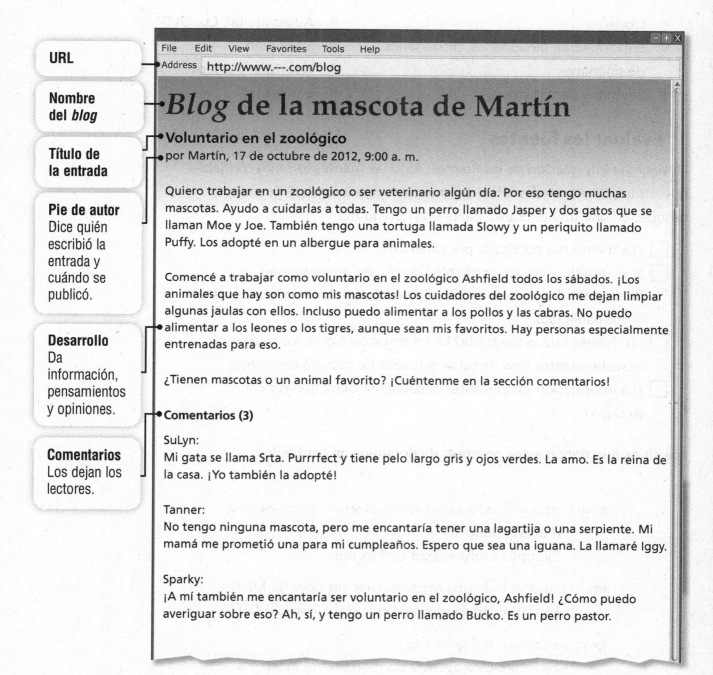

URL

Nombre del *blog*

Título de la entrada

Pie de autor
Dice quién escribió la entrada y cuándo se publicó.

Desarrollo
Da información, pensamientos y opiniones.

Comentarios
Los dejan los lectores.

| File | Edit | View | Favorites | Tools | Help |

Address http://www.----.com/blog

Blog de la mascota de Martín

Voluntario en el zoológico
por Martín, 17 de octubre de 2012, 9:00 a. m.

Quiero trabajar en un zoológico o ser veterinario algún día. Por eso tengo muchas mascotas. Ayudo a cuidarlas a todas. Tengo un perro llamado Jasper y dos gatos que se llaman Moe y Joe. También tengo una tortuga llamada Slowy y un periquito llamado Puffy. Los adopté en un albergue para animales.

Comencé a trabajar como voluntario en el zoológico Ashfield todos los sábados. ¡Los animales que hay son como mis mascotas! Los cuidadores del zoológico me dejan limpiar algunas jaulas con ellos. Incluso puedo alimentar a los pollos y las cabras. No puedo alimentar a los leones o los tigres, aunque sean mis favoritos. Hay personas especialmente entrenadas para eso.

¿Tienen mascotas o un animal favorito? ¡Cuéntenme en la sección comentarios!

Comentarios (3)

SuLyn:
Mi gata se llama Srta. Purrrfect y tiene pelo largo gris y ojos verdes. La amo. Es la reina de la casa. ¡Yo también la adopté!

Tanner:
No tengo ninguna mascota, pero me encantaría tener una lagartija o una serpiente. Mi mamá me prometió una para mi cumpleaños. Espero que sea una iguana. La llamaré Iggy.

Sparky:
¡A mí también me encantaría ser voluntario en el zoológico, Ashfield! ¿Cómo puedo averiguar sobre eso? Ah, sí, y tengo un perro llamado Bucko. Es un perro pastor.

Investigar

La mejor manera de apoyar tu escritura informativa o persuasiva es usar datos y detalles. La mejor manera de buscar datos y detalles es investigar.

Dónde encontrar información para investigar

- Libros
- Enciclopedias, diccionarios, diccionarios de sinónimos
- Revistas y periódicos

- Audio digital, CD, DVD
- Sitios web
- Televisión y videos
- Entrevistas

Evaluar las fuentes

Obtienes la información de las fuentes. Algunas fuentes son más confiables que otras. ¿Cómo puedes saber qué fuentes son adecuadas? Cuando busques en una fuente nueva, hazte estas preguntas:

- ☐ ¿La fuente fue publicada por expertos?
- ☐ Si es un sitio web, ¿es confiable? (Revisa en qué terminan las direcciones de los sitios web, o el nombre del dominio, para evaluar la confiabilidad).
- ☐ ¿La fuente está actualizada? La información (como los nuevos descubrimientos científicos) se actualiza de manera constante.
- ☐ ¿La información es relevante? ¿Realmente tiene que ver con tu tema?

Los sitios que tienen estos nombres de dominio son confiables.

.edu: sitio web educativo, como el sitio de una escuela o universidad
Ejemplo: Universidad de Florida

.org: sitio web de una organización sin fines de lucro
Ejemplo: Un grupo de servicio a la comunidad

.gov: sitio web del gobierno
Ejemplo: Una agencia de tu gobierno local

Trabajar con esquemas

Una vez que termines de investigar, puedes organizar la información en un esquema. Para escribir un esquema, primero considera las ideas principales. Luego, debajo de cada idea principal, haz una lista de los detalles que explican la idea.

Usa un número romano para cada idea principal.

Usa una letra mayúscula para cada detalle.

Las tres ramas del gobierno de EE. UU.

I. Rama legislativa: Congreso

 A. La Cámara de Representantes

 B. El Senado

 C. Agencias gubernamentales que apoyan al Congreso

II. Rama ejecutiva: El Presidente

 A. Cabeza de la rama ejecutiva

 B. Aprueba leyes creadas por el Congreso

 C. Comandante en jefe del ejército de EE. UU.

III. Rama judicial: La corte suprema

 A. El más alto tribunal en EE. UU.

 B. Formado por 9 magistrados

 C. Juzga casos que desafían la Constitución

Sugerencias para el esquema

- Elige un tema. Limita tu tema para que puedas ser más específico en tu escrito.
- Usa solo palabras y frases en vez de oraciones completas.
- Elimina cualquier información que no apoye tus ideas.
- Usa tu esquema como ayuda para organizar las ideas en orden lógico.

Tomar apuntes

Vas a encontrar muchísima información cuando hagas una investigación. Una manera de llevar un registro y organizarte es tomar apuntes.

Tarjetas de notas

Toma los apuntes de tu investigación en tarjetas de notas. Escribe la idea principal o una pregunta de investigación en la parte de arriba de la tarjeta. Luego, escribe abajo los detalles o la respuesta a tu pregunta de investigación. En la parte de abajo de la tarjeta, asegúrate de incluir la fuente para después no tener que volver a buscarla.

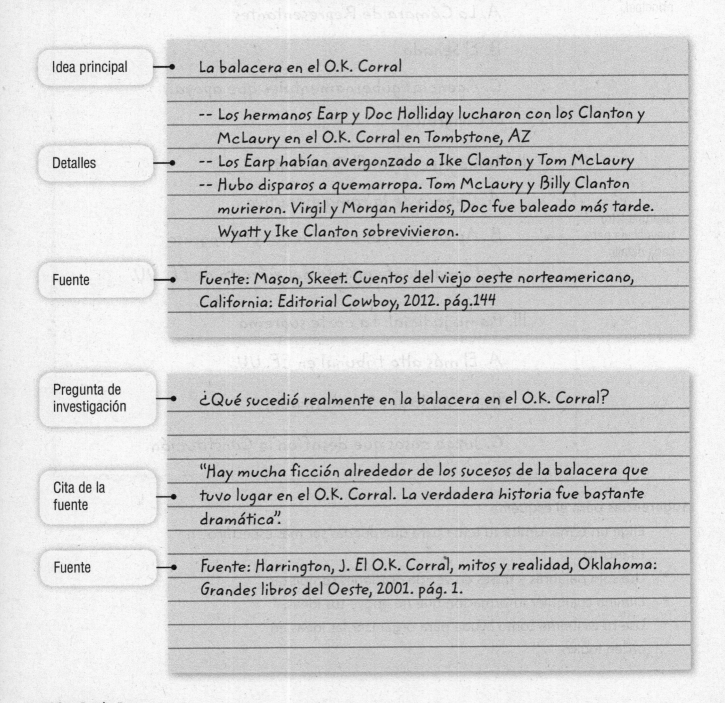

Idea principal

La balacera en el O.K. Corral

Detalles

-- Los hermanos Earp y Doc Holliday lucharon con los Clanton y McLaury en el O.K. Corral en Tombstone, AZ

-- Los Earp habían avergonzado a Ike Clanton y Tom McLaury

-- Hubo disparos a quemarropa. Tom McLaury y Billy Clanton murieron. Virgil y Morgan heridos, Doc fue baleado más tarde. Wyatt y Ike Clanton sobrevivieron.

Fuente

Fuente: Mason, Skeet. Cuentos del viejo oeste norteamericano, California: Editorial Cowboy, 2012. pág.144

Pregunta de investigación

¿Qué sucedió realmente en la balacera en el O.K. Corral?

Cita de la fuente

"Hay mucha ficción alrededor de los sucesos de la balacera que tuvo lugar en el O.K. Corral. La verdadera historia fue bastante dramática".

Fuente

Fuente: Harrington, J. El O.K. Corral, mitos y realidad, Oklahoma: Grandes libros del Oeste, 2001. pág. 1.

Otra manera de tomar apuntes para un proyecto de investigación es una cuadrícula. Puedes mostrar la información de más de una fuente.

Annie Oakley	Buffalo Bill's Wild West Show (libro)	"Annie Oakley's Wild West" (artículo de revista)	"Annie Oakley" (artículo de enciclopedia de Internet)
¿Quién fue Annie Oakley?	tiradora de exhibición en el espectáculo con Buffalo Bill		nacida como Phoebe Ann Mosley en Ohio en 1860, comenzó a disparar desde muy joven
¿Por qué es famosa?	podía hacer muchos trucos con una pistola, hizo giras por EE.UU.	el truco más famoso era tirar un naipe al aire y dispararle	cuando dejó el espectáculo Wild West se convirtió en actriz
¿Por qué se unió al espectáculo Wild West?	comenzó giras con circos, se unió al espectáculo Wild West con su esposo Frank Butler		
¿Qué problemas enfrentó?		muchos no la tomaban en serio	familia pobre, no asistió a la escuela
¿Por qué fue importante?	primera mujer superestrella en EE. UU.		estableció muchos récords como tiradora
Otros datos interesantes	murió en 1926 a la edad de 66, Butler estaba tan acongojado que dejó de comer y murió 18 días después	cita famosa: "Apunta a una marca alta y le darás".	también hizo giras alrededor de Europa

Escribir sobre un tema de escritura

A veces te piden que hagas una escritura cronometrada como ejercicio de clase y en pruebas de materias como Estudios Sociales o Ciencias. Esto se llama escribir o responder a un tema de escritura.

Responder a un tema de escritura

- Lee completamente la indicación. Asegúrate de seguir todas las instrucciones.
- Usa el tiempo prudentemente y trabaja rápidamente.
- Primero, planea tu escritura. Anota las ideas y los detalles mientras los piensas. Todavía no hace falta que uses oraciones completas. Usa solamente palabras y frases que te recuerden qué escribir.
- Usa los apuntes para escribir tu respuesta. Al final, si tienes tiempo, revisa rápidamente tu escrito.

Ejemplo de indicación:

Dos formas populares de energía son la energía solar y el petróleo.

¿Cuál de las dos crees que es mejor? ¿Por qué?

Escribe para convencer a un senador local de que acepte tu punto de vista.

Apuntes:

Ventajas de la energía solar

    -no usa recursos

    -es limpia

Desventajas de la energía solar

    -necesita mucho espacio

Ventajas del petróleo

    -accesible

    -ahora hay mucho

Desventajas del petróleo

    -contaminación

    -se acabará

La energía solar es mejor

    -no se acabará

    -la tecnología mejorará

Respuesta:

La energía solar y el petróleo tienen ventajas y desventajas. La energía solar es limpia y no utiliza recursos valiosos. Hay mucho petróleo y es accesible. Pero las celdas solares ocupan mucho espacio. El petróleo produce contaminación y algún día se acabará.

A largo plazo, la energía solar es mejor porque no se acabará mientras brille el Sol. Las celdas solares serán más pequeñas y más eficientes en el futuro.

Tipos de temas de escritura

Hay distintos tipos de temas de escritura que te pueden pedir que completes. Estos son algunos:

Tema de escritura narrativa	Tema de escritura persuasiva
Te pide que cuentes una experiencia personal o de ficción, o que relates un cuento basándote en un suceso real o imaginario.	Te pide que convenzas al lector de que tu punto de vista es válido o de que el lector debe hacer algo en particular.
Tema de escritura informativa	**Respuesta a la literatura**
Te pide que des información o expliques por qué o cómo, para aclarar un proceso o para definir un concepto.	Te pide que respondas preguntas sobre lo que leíste.

Tema de escritura narrativa

Todos han tenido un incidente divertido que nunca olvidarán. Piensa en un incidente divertido que te sucedió. Ahora escribe un cuento que describa el incidente y cómo sucedió.

Tema de escritura persuasiva

Cada presidente de EE. UU. ha tenido un impacto único en nuestro país.
¿Qué presidente crees que tuvo la mayor influencia?
Escribe un ensayo que contenga una lista de al menos tres razones por las que elegiste este presidente.

Tema de escritura informativa

La mayoría de las personas tienen por lo menos un pasatiempo.
Piensa en un pasatiempo que tengas o que conozcas.
Ahora escribe una descripción de tu pasatiempo y explica qué materiales necesitas.

Tema de escritura de respuesta a la literatura

Mucha gente tiene un poema favorito o una canción que le gusta.
Piensa en un poema o una canción que te guste.
Ahora escribe para explicar el significado del poema o la canción.

Listas de control y pautas de calificación

Usa esta **pauta de calificación** para evaluar tu escrito. Encierra en un círculo un número de cada columna para calificar tu escrito. Luego, revísalo para mejorar tu calificación.

	• Enfoque • Apoyo	• Organización
Calificación **6**	6 Mi escrito es enfocado y está apoyado por datos y detalles.	6 Mi escrito tiene una introducción y una conclusión claras. Las ideas están organizadas con claridad.
Calificación **5**	5 En su mayor parte, mi escrito es enfocado y está apoyado por datos y detalles.	5 Mi escrito tiene una introducción y una conclusión. La mayoría de las ideas están organizadas.
Calificación **4**	4 En su mayor parte, mi escrito es enfocado y está apoyado por algunos datos y detalles.	4 Mi escrito tiene una introducción y una conclusión. Muchas ideas están organizadas.
Calificación **3**	3 Parte de mi escrito es enfocado y está apoyado por datos y detalles.	3 Mi escrito tiene una introducción o una conclusión, pero puede faltar una de estas. Algunas ideas están organizadas.
Calificación **2**	2 Mi escrito no es enfocado ni está apoyado por datos o detalles.	2 Mi escrito quizás no tenga una introducción o una conclusión. Hay pocas ideas organizadas.
Calificación **1**	1 Mi escrito no es enfocado o no está apoyado por datos y detalles.	1 A mi escrito le faltan la introducción y la conclusión. Pocas o ninguna de las ideas están organizadas.

Elección de palabras / Voz	Normas / Fluidez de las oraciones
6 Las ideas están vinculadas con palabras, frases y cláusulas. Las palabras son específicas. Mi voz se conecta con el lector de una manera única.	**6** Mi escrito no tiene errores de ortografía, gramática, mayúsculas ni puntuación. Contiene una variedad de oraciones.
5 La mayoría de las ideas están vinculadas con palabras, frases y cláusulas. Las palabras son específicas. Mi voz se conecta con el lector.	**5** Mi escrito tiene pocos errores de ortografía, gramática, mayúsculas o puntuación. Contiene cierta variedad de oraciones.
4 Algunas ideas están vinculadas con palabras, frases y cláusulas. Algunas palabras son específicas. Mi voz se conecta con el lector.	**4** Mi escrito tiene algunos errores de ortografía, gramática, mayúsculas o puntuación. Contiene cierta variedad de oraciones.
3 Algunas ideas están vinculadas con palabras, frases o cláusulas. Pocas palabras son específicas. Mi voz podría conectarse con el lector.	**3** Mi escrito tiene algunos errores de ortografía, gramática, mayúsculas o puntuación. Contiene poca variedad de oraciones.
2 Las ideas podrían estar vinculadas con palabras, frases o cláusulas. Pocas palabras son específicas. Mi voz podría conectarse con el lector.	**2** Mi escrito tiene muchos errores de ortografía, gramática, mayúsculas o puntuación. Hay poca variedad de oraciones. Algunas oraciones están incompletas.
1 Las ideas quizás no están vinculadas con palabras, frases o cláusulas. Ninguna palabra es específica. Mi voz no se conecta con el lector.	**1** Mi escrito tiene muchos errores de ortografía, gramática, mayúsculas o puntuación. No contiene variedad de oraciones. Las oraciones están incompletas.

Ensayo de causa y efecto

Un **ensayo de causa y efecto** explica una causa o un suceso que ocurrió. Luego, el autor explora los efectos o qué pasó como resultado del suceso.

Partes de un ensayo de causa y efecto

- Una introducción que describe el tema del ensayo
- Detalles que explican con claridad una causa y sus efectos
- Palabras como *porque*, *por tanto* y *como resultado*
- Una conclusión que cierra el ensayo

Introducción
Enuncia el tema y capta la atención del lector.

La causa es el mal tiempo. El efecto es que la clase juega adentro.

La palabra *porque* sugiere que la oración incluye una causa y un efecto.

Un invento nuevo

Uno de los deportes más populares de hoy tuvo su comienzo en un gimnasio pequeño de Massachusetts hace más de cien años. ¿Cómo comenzó este deporte?

Era diciembre de 1891 y el Dr. James Naismith tenía un problema. Enseñaba gimnasia en una escuela de Massachusetts y necesitaba una actividad que mantuviera a los estudiantes en forma durante los fríos meses de invierno. Como el clima era muy malo para jugar confortablemente al aire libre, Naismith se vio obligado a tener la clase en un gimnasio. Naismith intentó enseñar varios juegos de salón a sus estudiantes, pero no se divertían mucho. Por tanto, Naismith decidió inventar algo nuevo.

Naismith redujo rápidamente las posibilidades. No había espacio en el gimnasio para que los jugadores corrieran muy rápido, por tanto, en el juego no se podría correr demasiado. Como el piso del gimnasio era duro, Naismith sabía que no tenía sentido permitir que los jugadores se taclearan. Naismith decidió que quería desarrollar un juego basado más en la destreza que en la fuerza.

Otras palabras de transición
Como resultado
Por tanto
Ya que
Luego
Después
En consecuencia

Causa: la escuela tenía muchas pelotas de fútbol. **Efecto:** Naismith inventó un juego que emplea una pelota de fútbol.

Ya que la escuela tenía muchas pelotas de fútbol disponibles, Naismith quería inventar un juego que usara una pelota de fútbol.

Cuando iba a clase un día, Naismith le preguntó al conserje de la escuela si tenía algunas cajas. El conserje le dijo que tenía dos canastos grandes que habían contenido duraznos y que estaban a su disposición. Naismith llevó los canastos al gimnasio y los colgó de los balcones para que estuvieran unos pies por encima de la cabeza de los estudiantes.

Desarrollo Explica las relaciones entre causa y efecto.

Después, Naismith reunió a la clase y explicó las reglas de su nuevo juego. El objeto del juego, les dijo, era tirar la pelota de fútbol dentro de los canastos. Había 13 reglas, todas las cuales tenían sentido dentro de las condiciones bajo las que jugaban los estudiantes. El espacio pequeño, por ejemplo, preocupaba a Naismith porque los jóvenes chocarían unos con otros. Como resultado, no permitió que los jugadores corrieran con la pelota. Para mover la pelota, los jugadores tenían que pasársela a un compañero de equipo.

Los estudiantes disfrutaron bastante el juego. Pero había algunos problemas. Uno de ellos era obtener de nuevo la pelota después de que alguien encestaba. Como la pelota se quedaba adentro del canasto, alguien tenía que subir por una escalera y tomar la pelota. Esto interrumpía el desarrollo del juego. Para resolver este problema, Naismith cortó el fondo de los canastos. Ahora, cuando la pelota entraba al canasto, caía por el fondo y el juego seguía.

Conclusión Redondea el ensayo.

Rápidamente, se corrió la voz del nuevo juego de Naismith entre otras escuelas. Como este nuevo juego era muy divertido y buen ejercicio, se volvió cada vez más popular. Hoy en día es tan popular como siempre lo fue. ¿Cuál es? Bueno, como ya debes saber, el invento de Naismith fue ¡el baloncesto!

Composición de problema y solución

Una **composición de problema y solución** describe un problema específico o conflicto y luego explora soluciones posibles para el problema.

Partes de una composición de problema y solución

- Un párrafo inicial que presenta el problema
- Ejemplos específicos que ayudan a definir el problema
- Un párrafo que explora soluciones posibles
- Una conclusión que vincula todas las ideas

Introducción
Explica el tema presentando el problema.

¡Demasiados venados!

En gran parte del noreste, hay demasiados venados corriendo en la naturaleza. Aunque los venados son animales hermosos, tantos pueden provocar serios problemas a los seres humanos y al medioambiente. Estos problemas afectan desde las carreteras hasta los bosques.

Hace cientos de años, no vivía tanta gente en el noreste. Al mismo tiempo, había muchos lobos, osos y coyotes. Estos grandes depredadores ayudaban a mantener controlada la población de venados, eliminando los venados enfermos o débiles de los rebaños. Con el paso del tiempo, los seres humanos cazaron muchos de estos grandes depredadores y hoy quedan muy pocos. Sin los depredadores naturales, las poblaciones de venados aumentaron en el noreste.

Los venados se mueven mucho. Esto causa problemas importantes a los conductores. Aunque la señalización a lo largo de las autopistas principales del noreste advierte sobre la presencia de venados, todavía hay carros que chocan con los animales cuando estos intentan cruzar la carretera. Chocar con un venado puede provocar daños serios en los carros. Peor aún, estos accidentes pueden ser mortales para los seres humanos y los venados.

Otras palabras de transición
Aunque
Además
Con el tiempo
Peor aún
Otro
Desafortunadamente
Afortunadamente

Desarrollo
Da detalles y ejemplos que explican el problema.

En segundo lugar, tantos venados dañan los bosques y los jardines de las casas. En todo el noreste crecen robles, fresnos y arces, que son árboles que crecen lentamente. Desafortunadamente, las hojas de los árboles jóvenes son el alimento favorito de los venados. Cuando los venados entran en un bosque, comen todas las hojas antes de que los árboles jóvenes tengan la oportunidad de crecer grandes y fuertes. Sin árboles jóvenes que reemplacen a los viejos, el bosque lentamente morirá.

Afortunadamente, hay muchas soluciones al problema de los venados. El corte de los pastos altos a lo largo de las carreteras reduce los choques de los carros con los venados. Los conductores podrán ver a los venados antes de que lleguen a cruzar la carretera. Esto salvaría las vidas de los seres humanos y los venados. Una solución posible para salvar los bosques es la construcción de vallas alrededor de partes de los bosques. Las vallas impedirían el paso de los venados. Entonces, los árboles jóvenes podrían desarrollarse y los bosques mantenerse saludables. Todos pueden colaborar para colocar las vallas.

Resolver el problema de los venados tardará un tiempo. Pero vale la pena asegurar el bienestar de los seres humanos y de los venados.

Observa cómo el autor de este ensayo:

- Comenzó el ensayo presentando el problema.

  El autor también habría podido comenzar el ensayo haciendo un dibujo para captar la atención del lector.

  En ocasiones, es divertido ver a los animales salvajes. Los venados corren rápido y se esconden, a veces no se ven. Desafortunadamente, en algunos lugares hay demasiados venados.

- Dio información de contexto para explicar el problema.

  Hace cientos de años, no había tanta gente viviendo en el noreste.

Ensayo de comparar y contrastar

Un **ensayo de comparar y contrastar** es una forma de escritura que examina las semejanzas y las diferencias que hay entre dos personas, lugares o cosas.

Partes de un ensayo de comparar y contrastar

- Una introducción de los temas que se comparan
- Un desarrollo que muestra con claridad las semejanzas y las diferencias, punto por punto; cada párrafo debería enfocarse en un tema específico
- Detalles y datos que identifican las semejanzas y las diferencias
- Una conclusión que repasa los puntos principales del ensayo

Introducción
Enuncia el tema y los puntos principales de los que hablará el ensayo.

Datos y detalles que apoyan las ideas principales

Otras palabras de transición
Al mismo tiempo
Mientras tanto
Aunque
Por otro lado

¿El mejor de la historia?
Wilt Chamberlain versus Michael Jordan

¿Quién es el mejor jugador de baloncesto de la historia? Dos candidatos para ese título son Wilt Chamberlain y Michael Jordan. Ambos jugadores fueron famosos cuando jugaban y ambos jugadores batieron muchos récords. Al mismo tiempo, ambos jugadores tuvieron estilos muy distintos para llegar al éxito.

Wilt Chamberlain y Michael Jordan fueron ambos estrellas en la universidad. Wilt Chamberlain jugó de centro en la Universidad de Kansas desde 1955 hasta 1958. Aunque Chamberlain jugó muy bien en la universidad, nunca pudo ganar un campeonato universitario nacional.

Michael Jordan asistió a la Universidad de Carolina del Norte, donde jugó la posición de alero. A diferencia de Chamberlain, Jordan ganó un campeonato universitario. En 1982, hizo el tiro ganador que ayudó a su equipo a derrotar a Georgetown Hoyas y a ganar el título nacional.

Chamberlain y Jordan dejaron la universidad temprano para jugar baloncesto profesional. Chamberlain se convirtió en estrella de los Philadelphia 76ers y Los Angeles Lakers en la Asociación

Nacional de Baloncesto (NBA). En el primer año, Chamberlain fue nombrado el Jugador más valioso de la temporada y Novato del año. A Jordan también le fue bien en la NBA. Lo tomaron los Chicago Bulls en 1984 y también fue nombrado Novato del año durante su primera temporada profesional. Ambos jugadores tuvieron carreras profesionales exitosas. Chamberlain llevó a sus equipos a cuatro campeonatos de la NBA. Mientras tanto, Jordan ganó seis campeonatos. Ambos jugadores se honran en el Salón de la Fama de la NBA.

Aunque ambos jugadores se destacaron en su época, Wilt Chamberlain y Michael Jordan tuvieron dos estilos de juego muy distintos. Chamberlain medía más de siete pies de estatura y jugaba de centro. Como era tan alto, podía anotar puntos con facilidad. En un juego de la NBA en 1962, anotó 100 asombrosos puntos. ¡Un récord que mantiene hasta hoy! Por otro lado, Jordan era un defensa rápido y ágil. Era atractivo verlo y podía elevarse en el aire para hacer volcadas increíbles.

Ambos jugadores son reconocidos por haber cambiado el juego del baloncesto. Wilt Chamberlain fue un centro dominante que podía anotar puntos y bloquear tiros a voluntad. Tener un centro dominante que podía jugar tanto en ataque como en defensa se convertiría en una parte importante de un equipo de baloncesto exitoso de la NBA. Por otro lado, Jordan, cambió el juego moderno. Era emocionante verlo cada vez que tomaba la pelota. Podía deslumbrar a los jugadores con sus movimientos y elevarse en el aire para hacer tiros maravillosos. Como Chamberlain, Jordan se destacó tanto en ataque como en defensa. Ambos jugadores contribuyeron mucho al baloncesto profesional. Aunque jugaban posiciones distintas en épocas muy diferentes, ambos pueden considerarse los mejores que alguna vez tuvo el baloncesto.

Ensayo de instrucciones

Un **ensayo de instrucciones** describe cómo hacer algo que tal vez el lector no sabe hacer. Este tipo de ensayo tiene instrucciones paso a paso muy precisas para ayudar al lector a completar el proyecto.

Partes de un ensayo de instrucciones

- Una introducción que capta el interés del lector en el proyecto
- Párrafos que explican con claridad cómo el lector puede completar el proyecto
- Una conclusión que repasa algunos conceptos básicos del ensayo

Inicio
Usa lenguaje interesante para presentar el proyecto.

Detalles que dicen qué hace falta para comenzar

Los pasos se describen en orden.

¿Cómo comenzar la apicultura?

La apicultura puede ser un pasatiempo divertido y gratificante para todas las edades. No solamente le das a las abejas un lugar para vivir, sino que también disfrutas los beneficios de este pasatiempo maravilloso. Una colmena puede producir cada año galones de miel casera deliciosa. ¡Lo mejor es que es fácil comenzar!

Lo primero que tienes que hacer es buscar un adulto que te ayude. Luego, comenta con tu familia y tus vecinos sobre tu pasatiempo nuevo. Las abejas pueden ser peligrosas cuando pican, y hay personas a las que esto no les gusta. También, conoce las leyes locales sobre la apicultura. Algunos pueblos y ciudades no permiten la apicultura.

El próximo paso es elegir el lugar correcto para la colmena. Si tienes un patio pequeño, probablemente solo querrás una o dos colmenas. Una esquina lejos de tu casa es un buen lugar para instalar una colmena para tus abejas. De esta manera, las abejas no molestarán a tu familia o mascotas y tendrán un lugar seguro para vivir.

Después de que halles un buen lugar para la colmena, elige qué tipo de colmena quieres. Una buena elección es una colmena de bastidor móvil. Tiene muchos lugares para que las abejas construyan su panal y produzcan mucha miel.

Otras palabras de transición
No solamente
La primera cosa
Además
Tu próximo paso
Por tanto
Sin embargo
Una vez
Después
Finalmente

Cada paso del proyecto se apoya en razones en cuanto a por qué estos pasos son importantes.

Una vez que hayas elegido el tipo de colmena que quieres, asegúrate de que tienes el resto del equipamiento necesario. Un traje protector completo con sombrero, velo y guantes es imprescindible para protegerte de las picaduras. Un ahumador para apicultura también es importante para calmar a las abejas cuando extraes la miel! ¡También querrás tener una herramienta de raspado para sacar toda la maravillosa miel!

Finalmente, resuelve dónde vas a conseguir las abejas. Usa el Internet para investigar lugares donde venden abejas. La mayoría de los lugares pueden enviarte por correo una caja con abejas que te ayudará a comenzar. ¡Pero asegúrate de investigar bien! Cierto tipo de abejas se adaptan a climas distintos. Asegúrate de que las abejas que compras pueden vivir en el clima donde vives.

Conclusión
Repasa algunos de los puntos principales del ensayo y les recuerda a los lectores por qué podría ser interesante.

La apicultura se está volviendo más popular cada año. Hay muchísimos recursos en los libros y en Internet que te ayudan a comenzar con tu nuevo pasatiempo. Si está bien hecha, la apicultura puede ser una experiencia divertida y educativa para que disfrute toda la familia. ¡Y solamente piensa en toda esa miel!

Observa cómo el autor de este ensayo:

- Comenzó con las razones de por qué el lector debería completar el proyecto.

  Una colmena puede producir cada año galones de miel casera deliciosa. ¡Lo mejor es que es fácil comenzar!

- Enunció con claridad una idea principal en cada párrafo y ofreció detalles que apoyan esa idea principal.

- Ofreció ideas para continuar la investigación del tema en la biblioteca o en Internet.

Explicación

Un **ensayo explicativo** se usa para describir o informar sobre un tema. Este tipo de ensayo se investiga y se organiza bien para presentar la información de forma clara.

Partes de un ensayo explicativo

- Una introducción que describe sobre qué trata el ensayo y por qué
- Párrafos centrales con datos y detalles que apoyan la idea principal
- Una conclusión que resume la idea principal del ensayo

Introducción
Explica el tema del ensayo y da la idea principal.

Desarrollo
Usa datos y detalles investigados para apoyar la idea principal.

Palabras de transición
Sin embargo
En cambio
Así que
Como
También
Incluso

Hibernación animal

Todos los animales han desarrollado maneras de adaptación cuando es difícil encontrar alimento. Algunos animales han aprendido a esconder el alimento y guardarlo para el invierno. Muchas especies de aves y peces migran a climas más cálidos donde hay mucho más alimento. Sin embargo, otros animales no pueden moverse tan lejos como para escapar del frío invierno. Por tanto, estos animales duermen durante los meses de invierno. La hibernación les permite a los animales sobrevivir cuando hay menos alimento.

Los animales queman muchísima energía todos los días. Los animales de sangre caliente, como los mamíferos, necesitan muchísima energía solo para mantener la temperatura corporal. Así es que puedes imaginar que correr, volar, trepar y hacer otras actividades de animales requiere aún más energía. Los animales obtienen energía del alimento que comen. Cuando los animales hibernan, necesitan muy poca energía. El ritmo cardíaco y respiratorio de un animal en hibernación disminuye y su temperatura corporal desciende. Como resultado, el animal usa menos energía y necesita menos alimento. Esto le permite al animal sobrevivir un invierno largo ¡simplemente durmiendo!

Algunos mamíferos, como los osos y los murciélagos, hibernan durante el invierno. ¿Alguna vez has visto una ardilla gordita recolectando afanosamente bellotas durante el otoño? Existe una buena razón para esto. Las ardillas, los osos y otros mamíferos que hibernan se alimentan más de lo normal justo antes de la hibernación. Este alimento adicional se almacena en células de grasa que luego pueden quemarse durante la hibernación y usarse como energía. Mientras más gorda sea la ardilla, mayor es la probabilidad que tiene de sobrevivir un invierno largo y frío sin alimento.

El autor amplía el tema dando ejemplos de diferentes tipos de hibernación.

Incluso algunos reptiles y anfibios hibernan también. A diferencia de los mamíferos, estos animales son de sangre fría y dependen del Sol y del aire cálido para mantener la temperatura corporal. Los anfibios, como las ranas, hibernan enterrándose en lodo o reposando en el fondo de los estanques. Los reptiles, como las serpientes, hibernan en lo profundo del suelo, en hoyos excavados por otros animales. Se entierran tanto que el aire frío no puede dañarlos.

Conclusión
Repasa las ideas principales del ensayo.

En el reino animal hay muchas historias para contar. Todos los animales deben adaptarse a las condiciones variables. Si no lo hacen, no sobrevivirán. La hibernación es una forma asombrosa que han aprendido los animales para adaptarse a condiciones difíciles.

Observa cómo el autor de este ensayo:

- Usó palabras de transición para explicar cómo la hibernación ayuda a los animales a sobrevivir.

  El ritmo cardíaco y respiratorio de un animal en hibernación disminuye y su temperatura corporal desciende. **Como resultado,** *el animal usa menos energía y necesita menos alimento.*

- Usó ejemplos de experiencias de los lectores para hacer la explicación más comprensible.

  ¿Alguna vez has visto una ardilla gordita recolectando afanosamente bellotas durante el otoño?

Ensayo de definición

Un **ensayo de definición** explica algo en detalle. Se enfoca en una cosa o una idea y cuenta lo que significa, lo que es o lo que hace.

Partes de un ensayo de definición

- Una introducción que cuenta lo que se va a definir
- Un desarrollo que tiene datos y detalles interesantes para apoyar la idea principal
- Una conclusión que resume la idea principal

Introducción
Describe el tema.

Desarrollo
Apoya la idea principal con datos y detalles.

Los detalles específicos y las descripciones vívidas mantienen a los lectores interesados.

Rana peluda

La rana peluda, *Trichobatrachus robustus*, es una especie de rana atípica oriunda de África. Se encuentra en la parte central occidental del continente en tierras bajas húmedas tropicales y subtropicales.

Las ranas peludas varían de color desde verde oliva hasta marrón chocolate de leche. Crecen hasta aproximadamente dos pulgadas y media de largo. Los machos son más grandes que las hembras y pesan en promedio tres onzas. Las ranas peludas tienen la cabeza más ancha que larga, y la parte protuberante de la cara, u hocico, es corta y redondeada. Los machos tienen hebras finas de piel (parecidas a pelos) en los costados y los muslos. Esto es lo que le da a la *Trichobatrachus robustus* el nombre común "rana peluda". Estos pelos están llenos de vasos sanguíneos que los científicos creen que ayudan a las ranas a respirar con mayor facilidad a través de la piel.

La rana peluda es a veces llamada "rana del horror" por el extraño hábito de romper sus propios huesos. Cuando es atacada o amenazada, flexiona los músculos de los dedos de las patas y se los quiebra. Luego, los huesos salen por las yemas de los dedos de la rana y forman un conjunto de garras largas y afiladas. Esto ayuda a las ranas peludas a defenderse contra los depredadores. Nadie sabe con seguridad qué sucede

Otras palabras de transición
Todavía
A diferencia de
Al igual que
Específicamente
Después de eso
En comparación
Como conclusión
Por ejemplo

después, pero algunos científicos creen que los huesos pueden, tarde o temprano, volver a meterse en la piel y las heridas sanan.

Los bosques, los ríos y los campos de cultivo constituyen el hábitat natural de las ranas peludas. Viven principalmente en la tierra pero vuelven al agua para reproducirse. Depositan los huevos sobre rocas en ríos. Los renacuajos son fuertes y tienen varias filas de dientes afilados que los ayudan a alimentarse.

Las ranas peludas comen carne. Se alimentan de insectos, incluidos saltamontes, escarabajos, arañas e incluso babosas. Lo más probable es que el peor enemigo de la rana peluda sea el ser humano. En Camerún, las ranas peludas se cazan por su carne, que se asa y se come.

Conclusión
Resume el tema principal.

Esta especie de rana, conocida por su extraño hábito de quebrar sus huesos, es una especie amenazada. A medida que se derriban los bosques, las ranas peludas van perdiendo parte de su hábitat natural. Pero por ahora, las ranas peludas se encuentran vivas y bien.

Observa cómo el autor de este ensayo:

- Usó palabras y descripciones vívidas.

  . . . desde verde oliva hasta marrón chocolate de leche . . .

  . . . la parte protuberante de la cara, u hocico, es corta y redondeada.

  Luego, los huesos salen por las yemas de los dedos de la rana . . .

- Organizó la información de forma clara y fácil de entender.

Entrevista

Una forma de encontrar información para una noticia o informe de investigación es realizar una **entrevista.**

 Partes de una entrevista

- El nombre de la persona entrevistada
- Una lista de preguntas para alguien que conoce el tema
- Preguntas que responden a *quién, qué, cuándo, dónde, por qué* y *cómo*
- Notas o respuestas a las preguntas

El nombre de la persona entrevistada

Simon Levy, ganador de la Competencia de videojuegos

P: Hola, Simon. Cuéntame un poco sobre ti.

R: Bueno, soy Simon Levy. Tengo once años. Estoy en quinto grado de la escuela primaria Bowman.

P: ¿Qué acabas de ganar?

R: Gané la Competencia de videojuegos. Es un concurso de juegos que se realiza en el centro de la ciudad. El gran premio fue una entrada gratis por un mes a Arcadia.

Preguntas con las palabras interrogativas *quién, qué, cuándo, dónde, por qué* y *cómo*

P: ¿Contra quién jugaste?

R: Había cincuenta y cuatro jugadores en el concurso. Eran una mezcla de niños de entre ocho a doce años de edad. Mi amiga Alisha también estuvo en la competencia.

P: ¿Qué juegos jugaron?

R: Oh, un montón de juegos. Pero tuve suerte en la última ronda. Star Quest fue seleccionado para la final. Ese es el que mejor juego.

P: ¿Cuándo comenzaste a jugar?

R: Comencé a jugar videojuegos cuando tenía cuatro años.

Respuestas
que muestran
exactamente
lo que dijo
la persona
entrevistada

P: ¿Dónde se realizó la competencia?

R: Fue en un salón de juegos que se llama Arcadia, en el centro de la ciudad. El dueño es el señor Jackson. También tiene el negocio de alquiler de videos de la calle Oak. Realmente me gusta Arcadia. Tienen muchos tipos de juegos allí y colocan juegos nuevos todo el tiempo. Además, el señor Jackson permite a los niños comer todas las palomitas de maíz que quieran.

P: ¿Por qué crees que ganaste?

R: Juego muchísimo. Bueno, no tanto. Mi mamá hace que deje de jugar para hacer la tarea y esas cosas. Además, mi hermano mayor Danny me entrena.

P: ¿Conocías a alguno de los competidores?

R: Sí, mi mejor amiga Alisha jugó también. Fue la subcampeona. Ella es realmente increíble. Me preocupaba que me fuera a ganar, pero yo gané la final.

Un final en
el que el
entrevistador
agradece al
entrevistado

P: Gracias por charlar conmigo, Simon. ¡Buena suerte en la competencia del próximo año!

R: ¡Gracias por entrevistarme!

Observa cómo el autor de esta entrevista:

- Hizo varios tipos de preguntas para que la persona entrevistada hablara. Otras preguntas que podría haber hecho:

  ¿Cuál es tu videojuego preferido?
  ¿Dónde aprendiste a jugar?
  ¿Cómo se siente ganar la competencia?

- Hizo preguntas con "por qué" y "cómo" que animaron a Simon a dar más información.

  ¿Por qué crees que ganaste?

Carta comercial

Una **carta comercial** es una carta que se le escribe a alguien que el escritor no conoce bien. Es más formal que una carta amistosa. La gente suele escribir cartas comerciales cuando quiere solicitar algo.

✏️ Partes de una carta comercial

- Un encabezamiento, una dirección interna y un saludo que incluye el título del destinatario
- Una oración inicial que aclara el propósito de la carta
- Oraciones secundarias que agregan detalles
- Una despedida formal y la firma

El encabezamiento da el domicilio de quien escribe y la fecha. →

1734 North Rd.
Pompano Beach, FL 33093
16 de marzo de 2012

La dirección interna dice a quién se le envía la carta. →

Srta. Jennifer McCarthy
Oficina de Recreación al Aire Libre de la Florida
26 State St.
Tallahassee, FL 32395

En el saludo se usan títulos como *Sr.*, *Sra.* o *Srta.* →

Estimada Srta. McCarthy:

   Quisiera recibir información sobre navegación en bote o canoa en la Florida. Mis padres y yo hemos paseado en bote en el océano y en lagos cerca de casa, pero me pregunto a qué otro lugar de nuestro estado podríamos ir que resulte divertido.

Los detalles cuentan cómo el destinatario de la carta puede ayudar de la mejor manera a quien escribe. →

Mi familia no tiene ningún equipo, por lo que necesitaríamos alquilar un bote o una canoa. Estoy interesada especialmente en lugares donde podamos ver aves y fauna silvestre. Por ejemplo, ¿es seguro pasear en bote por los Everglades? Quedo a la espera de su respuesta.

Atentamente,
Paula E. Marshall

Despedida y firma →

Informe de observación científica

En un **informe de observación científica,** el autor usa relatos para describir una serie de sucesos.

 Partes de un informe de observación científica

- Un propósito que introduce la actividad y explica por qué se realiza
- Observaciones que describen lo que vio o escuchó el autor
- Una conclusión que resume el informe

Propósito
Explica por qué se realizan las observaciones y describe algunos objetivos.

Observaciones
Describe lo que sucedió durante el período de observación.

Conclusión
Resume las observaciones.

Aves en el comedero

Propósito:
En nuestra clase, colocamos un comedero para aves afuera, en nuestra ventana. Vamos a estudiar el comportamiento animal a través de la observación de las aves. Identificaremos las aves que nos visitan y lo que hacen mientras están en el comedero. Tomaremos nota cada 10 minutos durante una hora.

Observaciones:
1 de diciembre
8:30 a. m.: Hay tres aves en el comedero. Veo un cardenal y dos gorriones. El cardenal se come rápidamente las semillas de girasol.
8:40 a. m.: Se une un pájaro carpintero a las otras aves. Se va inmediatamente. No pude ver el tipo de pájaro carpintero.
8:50 a. m.: Un cardenal macho y un cardenal hembra están en el comedero.
9:00 a. m.: ¡Hay una ardilla en el comedero! No hay aves.
9:10 a. m.: La ardilla se va. Hay dos jilgueros en el comedero. Parecen estar comiendo todas las semillas de girasol.
9:20 a. m.: El mismo pájaro carpintero ha vuelto. Llena su pico con semillas antes de irse rápidamente.

Conclusión: Aprendí que muchos tipos de aves usarán un comedero. Comen muy rápido y siempre están mirando a su alrededor. También aprendí que una ardilla espantará a todas las aves que se encuentran en el comedero.

Informe de investigación

En un **informe de investigación,** el autor extrae información de varias fuentes diferentes para informar al lector sobre un tema.

Partes de un informe de investigación

- Una introducción que cuenta sobre qué trata el informe
- Párrafos centrales con oraciones principales que están apoyadas por datos y detalles sobre el tema
- Una conclusión que repasa los puntos principales del informe

Introducción
Enumera el tema y algunas de las ideas principales.

El autor investigó el tema para recopilar datos y detalles usados en este informe.

Las citas le dicen al lector dónde halló el autor esta información.

Especies en peligro de extinción: Águila calva

El águila calva es un ave de rapiña grande que vive en Norteamérica. Es una de nuestras aves más hermosas y nuestro símbolo nacional. Incluida en la Lista de especies en peligro de extinción en 1967 porque había muy pocas en la naturaleza, el águila calva se eliminó de la Lista de especies en peligro de extinción en 2007 (Sibley, 125). Esto la convierte en uno de los pocos animales en eliminarse de la lista porque su población se está recuperando. El águila calva es una historia de gran éxito de la Ley de especies en peligro de extinción.

Historia de vida

Las águilas calvas viven a lo largo de toda Norteamérica, desde el sur de la Florida hasta Alaska. Debido a que principalmente cazan y comen peces, a las águilas calvas les gusta vivir a orillas de ríos, lagos u otras fuentes de agua. Sus poderosas garras también ayudan a estas aves a cazar y comer tortugas, serpientes y otros animales (Todo sobre las aves).

Las águilas calvas hacen los nidos más grandes de todas las aves de Norteamérica. ¡Algunos de estos nidos pueden medir 10 pies de alto y pesar 2,000 libras! Las águilas calvas hembras

Otras palabras de transición
Otro
Además
Por ejemplo
Debido a
Al igual que
Sin embargo
Al final

Los encabezamientos cuentan al lector sobre qué trata cada sección. Ayudan al lector a encontrar información rápidamente.

ponen de uno a tres huevos por año (Sibley, 127). Ambos padres ayudan a criar a los pequeños polluelos una vez que estos salen del cascarón.

Disminución y recuperación de la población

Hace aproximadamente 70 años, muchas águilas calvas comenzaron a morir. Los científicos creían que esto era debido a varias razones. Primero, todavía era legal cazar águilas calvas. Al mismo tiempo, las ciudades en desarrollo arruinaron gran parte del hábitat de las aves. Pero, según los científicos, la razón principal por la que morían las águilas calvas era el DDT, un químico popular para matar insectos (Todo sobre las aves). Desafortunadamente, el DDT también era muy dañino para el ambiente. El químico debilitaba la cáscara de los huevos del águila calva por lo que los polluelos morían antes de poder nacer. Algunos científicos creen que solo había aproximadamente 800 águilas calvas adultas hacia 1960 (Todo sobre las aves).

El gobierno prohibió el uso del DDT en 1972 y la población del águila calva comenzó a recuperarse rápidamente. Hoy en día, los científicos estiman que en Norteamérica viven más de 100,000 águilas calvas (Sibley, 130).

Conclusión

Conclusión Repasa algunos de los puntos principales del informe.

El águila americana es uno de los animales más lindos del mundo. Además, es una verdadera sobreviviente. La recuperación de las poblaciones de águilas calvas en Norteamérica es una historia de gran éxito, un ejemplo de cómo podemos salvar nuestras especies en peligro de extinción.

Referencias

Las referencias cuentan al lector dónde exactamente el autor encontró los datos y detalles del informe.

Sibley, David Allen. *La guía Sibley de aves*. Knopf, Nueva York. NY. 2000.

Todo sobre las aves. "Águila calva". http://www.---.org/guide/águila_calva.html. Obtenido el 5/12/11.

Gráficas, diagramas y tablas

Las **gráficas,** los **diagramas** y las **tablas** pueden ser útiles para describir datos. Se pueden usar para comparar cosas o simplemente ilustrar una idea o un concepto.

Gráficas y tablas
Úsalas para comparar datos o mostrar cómo cambian las cosas a lo largo del tiempo.

Gráficas lineales
Este tipo de gráfica se usa para mostrar cómo cambia algo a lo largo del tiempo.

Gráficas circulares
Usa las gráficas circulares para ilustrar el porcentaje de un todo.

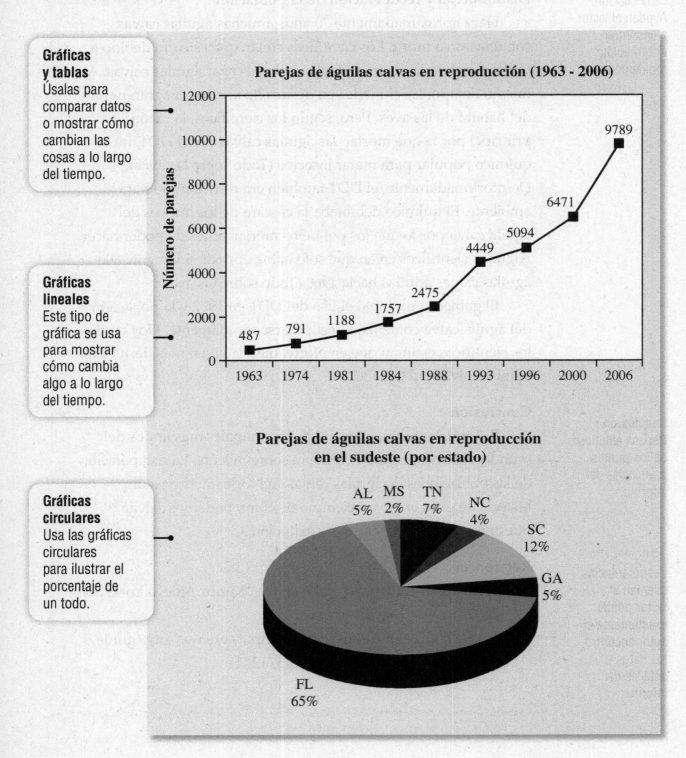

Parejas de águilas calvas en reproducción (1963 - 2006)

Número de parejas

487   791   1188   1757   2475   4449   5094   6471   9789

1963   1974   1981   1984   1988   1993   1996   2000   2006

Parejas de águilas calvas en reproducción en el sudeste (por estado)

AL 5%   MS 2%   TN 7%   NC 4%   SC 12%   GA 5%   FL 65%

Gráficas de barras
Estas gráficas pueden usarse para comparar diferentes valores.

Títulos y rótulos
Cada gráfica o tabla tiene rótulos y un título claro que explica qué muestran los datos.

Leyenda y fuente
Una leyenda puede explicar una gráfica o un diagrama. La fuente le dice al lector de dónde proviene la información.

Diagramas
Usa los diagramas para demostrar ciertas ideas o conceptos.

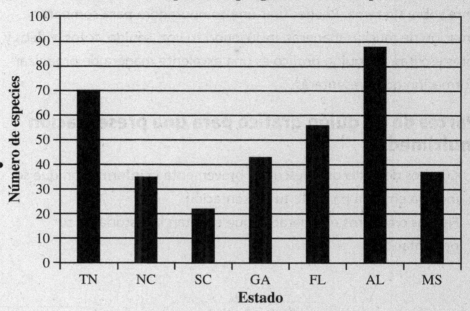

Número de especies en peligro de extinción por estado

Figura 1. Número total de especies en peligro de extinción en el Sudeste incluidas en la lista. (Fuente: Servicio Federal de Pesca y Vida Silvestre de los Estados Unidos)

Cadena alimenticia del águila calva

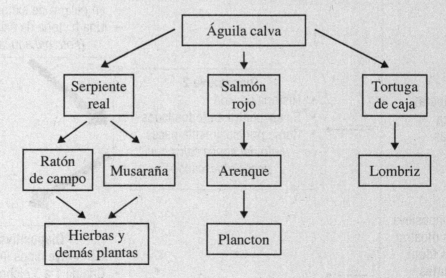

Presentación multimedia

Una **presentación multimedia** es una excelente manera de informar a la gente sobre un tema. Puedes usar una computadora para compartir información de muchas maneras, incluyendo tu voz, sonido, fotos, videos y palabras escritas. Un guión gráfico es una excelente manera de organizar la información que presentarás.

Partes de un guión gráfico para una presentación multimedia

- Cuadros de texto que describen brevemente la información que se incluirá en cada parte de tu presentación
- Flechas o cuadros enumerados que cuentan la historia de tu presentación

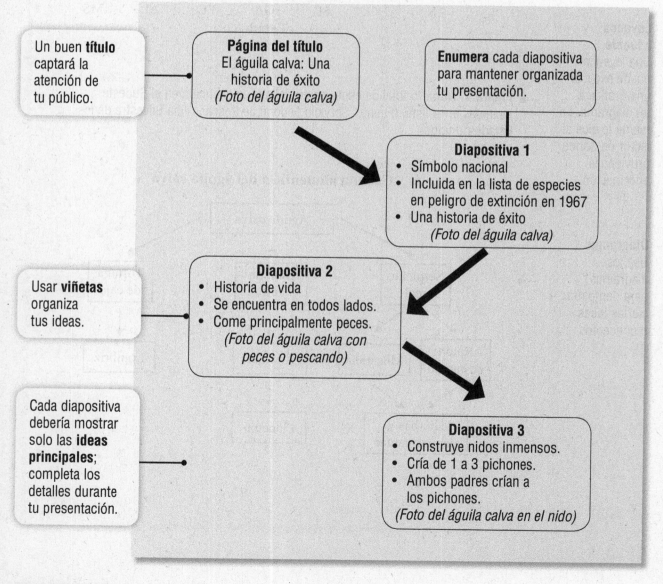

Un buen **título** captará la atención de tu público.

Página del título
El águila calva: Una historia de éxito
(Foto del águila calva)

Enumera cada diapositiva para mantener organizada tu presentación.

Diapositiva 1
- Símbolo nacional
- Incluida en la lista de especies en peligro de extinción en 1967
- Una historia de éxito
  (Foto del águila calva)

Usar **viñetas** organiza tus ideas.

Diapositiva 2
- Historia de vida
- Se encuentra en todos lados.
- Come principalmente peces.
  (Foto del águila calva con peces o pescando)

Cada diapositiva debería mostrar solo las **ideas principales**; completa los detalles durante tu presentación.

Diapositiva 3
- Construye nidos inmensos.
- Cría de 1 a 3 pichones.
- Ambos padres crían a los pichones.
(Foto del águila calva en el nido)

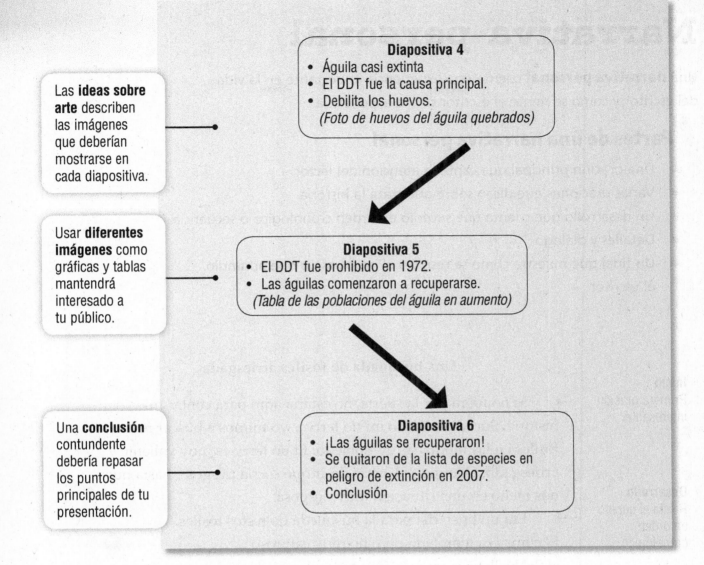

Las **ideas sobre arte** describen las imágenes que deberían mostrarse en cada diapositiva.

Usar **diferentes imágenes** como gráficas y tablas mantendrá interesado a tu público.

Una **conclusión** contundente debería repasar los puntos principales de tu presentación.

Diapositiva 4
- Águila casi extinta
- El DDT fue la causa principal.
- Debilita los huevos.
  (Foto de huevos del águila quebrados)

Diapositiva 5
- El DDT fue prohibido en 1972.
- Las águilas comenzaron a recuperarse.
  (Tabla de las poblaciones del águila en aumento)

Diapositiva 6
- ¡Las águilas se recuperaron!
- Se quitaron de la lista de especies en peligro de extinción en 2007.
- Conclusión

Observa cómo el autor de esta presentación:

- Usó cuadros de texto para describir brevemente lo que se incluirá en cada diapositiva de la presentación multimedia. Se compartirán los detalles con el público mediante un informe oral.

- Usó números y flechas para mostrar cómo la presentación cuenta una historia sobre un tema. Una presentación bien organizada ayudará a mantener interesado al público en el tema.

Narrativa personal

Una **narrativa personal** cuenta una experiencia importante en la vida del escritor y cómo se siente el escritor con la experiencia.

Partes de una narrativa personal

- Una oración principal que capta la atención del lector
- Varias oraciones que dicen sobre qué trata la historia
- Un desarrollo que cuenta qué sucedió en orden cronológico o secuencia
- Detalles y diálogo
- Un final que muestra cómo se resolvió el problema o qué aprendió el escritor

Inicio
Primera oración interesante

Desarrollo
Relata el cuento en orden cronológico.

Detalles vívidos, pensamientos y sentimientos personales

Una búsqueda de fósiles arriesgada

Si no fuera por la suerte, no estaría aquí para contar mi historia. Sucedió cuando mi tío Jerry y yo fuimos a buscar restos fósiles en las montañas de Robledo. El tío Jerry es muy valiente y arriesgado. O, quizás, debería decir que corría riesgos... hasta que nos metió en una situación muy riesgosa.

Era un buen día para la búsqueda de restos fósiles. El clima era templado pero no muy caluroso, el Sol brillaba y era más fácil ver restos fósiles en las rocas. Primero, el tío Jerry nos condujo en su Jeep por los caminos rocosos. Luego, fuimos a pie hasta otro lugar. Dijo que ningún hombre, con excepción de él, había estado antes allí y que yo sería la otra persona que sabría dónde estaba.

El tío Jerry tenía un cincel y un martillo en la mochila y suficiente agua y barras de cereal para ambos. Me permitió llevar la palanca. Después de caminar un rato, escalamos una colina empinada y rocosa. Finalmente, alcanzamos la cima y me sentí feliz de comenzar a buscar los restos fósiles.

Palabras de transición
Primero
Luego
Después de caminar un rato
Finalmente
De pronto
Antes
Ahora

De pronto, escuché un ruido que venía de un chaparral que estaba como a diez pies: *snort-snort-grunt*.

—Tío Jerry —pregunté—, ¿qué es ese sonido?

Antes de que pudiera responder, un jabalí bebé salió corriendo. Si no sabes lo que es, es un cerdo salvaje. El bebé era muy lindo con su cuerpito gordo y peludo, las patas largas y el hocico de cerdito.

El diálogo hace que el cuento sea interesante.

—¡Quieto! —me dijo el tío Jerry—. No te muevas.

Me quedé quieto. Sentía que el tiempo y todo lo demás se habían congelado. Percibí algo detrás de mí y luego escuché un *snort-snort-grunt* mucho más fuerte que el del bebé.

—Tranquilo, tranquilo —susurró el tío Jerry—. No te muevas. Ni siquiera mires al bebé. Su madre está a unos veinte pies detrás de ti y está muy enojada.

"Ah, genial", pensé. Estamos atascados entre un cerdo asesino y su bebé, y nadie sabe dónde estamos. Mi corazón latía con fuerza. Luego sentí una corriente de aire cuando el bebé jabalí pasó velozmente entre mis piernas. La madre lo siguió. Casi grité, pero no lo hice. *Snort-snort-grunt*. *Snort-snort-grunt*. Los sonidos desaparecieron en la distancia.

—¡Estuvo cerca! —dijo el tío Jerry.

Final
Cuenta qué aprendió el escritor.

Respiré con alivio. Aunque la colina rocosa que el tío Jerry encontró era un lugar genial para la búsqueda de restos fósiles, estaba llena de animales lindos pero salvajes. Además, ese día aprendí que no siempre vale la pena tomar algunos riesgos.

Biografía

Una **biografía** es un relato verdadero que describe no solamente las características físicas, sino también la personalidad de una persona. Una biografía bien escrita ayuda a los lectores a "ver" y a conocer cómo es la persona.

Partes de una biografía

- Un párrafo inicial interesante que capta la atención de los lectores y presenta a la persona
- Varios párrafos que describen a la persona
- Un párrafo final con algunos pensamientos finales

Inicio
La primera oración capta la atención de los lectores.

Otras oraciones que presentan a la persona

Desarrollo
Muestra a los lectores cómo es la persona.

Mi hermano Ben

La mayoría de los niños quieren hacer algo importante cuando crezcan. Ben, mi hermano mayor, siempre quiso ayudar a los demás. Ahora es paramédico del cuartel de bomberos y su trabajo es salvar vidas. Creo que la vida de Ben es tan emocionante como la de los paramédicos que ves en las series de TV.

Lo primero que observas de Ben es que siempre anda apresurado. Creo que es así porque tiene que apresurarse en su trabajo. Cuando suena un código en el cuartel de bomberos, Ben le grita a su compañero: "¡Eh! Vamos a rodar". Después se arroja encima la chaqueta azul de paramédico con el escudo redondo del departamento de bomberos en el hombro y corre al camión de rescate, rojo y brillante. Antes de que puedas contar hasta diez, Ben se ajusta su cinturón en el asiento del conductor, se pone los antejos de sol espejados y se van, con las luces y la sirena funcionando mientras corren por la calle.

Ben es un gran cuentista. Siempre que está en casa para cenar nos cuenta sobre las vidas que salvó.

Palabras descriptivas
Azul
Redondo
Soleado
Espejado
Cabello corto, rojo
Sonrisa juguetona
Alto
Feliz

El escritor agrega información sobre la apariencia de Ben: cabello rojo y corto, sonrisa juguetona.

A veces exagera un poco. Una vez me dijo: "Compañero, tendrías que haberme visto trabajar con este tipo que se cayó de una escalera y se rompió la pierna en cien pedazos". Siempre sé cuando Ben exagera porque pasa los dedos entre su cabello rojo y corto. A veces sus historias son bastante feas. Cuando nos cuenta una historia de esas, pone una sonrisa juguetona porque sabe que mamá le va a decir: "¡Ben, en la mesa no!".

Lo que más me gusta de Ben es que le encanta ayudar a los demás. Aún cuando no está trabajando, ayuda a nuestros vecinos. Mi hermano es un muchacho bastante alto, entonces es genial para pintar casas y limpiar canaletas. A la gente mayor le agrada y a los niños también. Siempre tiene tiempo para enseñarnos cosas del baloncesto a mis amigos y a mí o nos permite ayudarlo cuando pinta o construye algo.

Final Concluye con pensamientos finales interesantes.

El departamento de bomberos tiene suerte de tener un muchacho feliz como Ben trabajando para ellos. No solamente agrada a todos, sino que también es un héroe que salva vidas. Además de todo eso, Ben es un hermano increíble.

Observa cómo el autor de esta biografía:

- Usa palabras que muestran en lugar de contar. Las palabras descriptivas ayudan al lector a "ver" a la persona.

  Después se arroja encima la chaqueta azul de paramédico con el escudo redondo del departamento de bomberos en el hombro y corre al camión de rescate, rojo y brillante.

- Agrega diálogo para ayudar a los lectores a imaginar cómo se escucha la persona.

  "Compañero, tendrías que haberme visto trabajar con este tipo que se cayó de una escalera y se rompió la pierna en cien pedazos".

Ficción narrativa

Una **ficción narrativa** es un cuento corto con personajes inventados que tienen que resolver algún tipo de problema o conflicto.

Partes de una ficción narrativa

- Un inicio que presenta los personajes, el escenario y el problema
- Un desarrollo que genera emociones a medida que los personajes intentan resolver el problema
- Un final que muestra cómo se resolvió el problema

Atrapados en un laberinto

—¿Sabes dónde estamos? —preguntó Ethan a su amigo Max mientras estaban entre las hileras altas de maíz.

—¿En un laberinto de maíz? —dijo Max—. Y perdidos. Pronto estará oscuro y no tengo idea de cómo salir de aquí.

Los niños habían ido en bicicleta desde donde vivían por la carretera hasta la granja de calabazas. Cuando llegaron allí, decidieron caminar por el laberinto de maíz. Habían estado perdidos más de una hora y no había nadie más alrededor.

—Mi mamá y mi papá se preocuparán si no vuelvo antes del anochecer —dijo Ethan.

—Los míos también —respondió Max—. Será mejor que encontremos la manera de salir de aquí antes de que tengan que venir a buscarnos.

Ethan y Max pensaron un rato. Luego, Ethan dijo: —Eh, el Sol se oculta por el Oeste.

—Sí, ¿y qué? —dijo Max.

—Entramos al laberinto de maíz por el Este —dijo Ethan.

Inicio
Presenta los personajes, el escenario y el problema.

Desarrollo
Muestra a los personajes que intentan resolver el problema.

Palabras de escenario
En un laberinto de maíz
Granja de calabazas
Por la carretera desde donde vivían
Pronto estará oscuro

Señaló a su derecha.

—Si el Sol se está ocultando por ese lado, entonces el Este es por allá—. Señaló a su izquierda.

—¡Vamos!

Entonces, Ethan y Max corrieron hacia el Este, pero con todos los giros y vueltas del laberinto perdieron el rastro de hacia dónde iban. Ahora, el Sol había desaparecido detrás de los altos maizales.

Este es el clímax o el punto culminante del cuento.

—Creo que estamos perdidos otra vez —dijo Max—. Tal vez deberíamos gritar pidiendo ayuda. Esto se vuelve espeluznante.

A Ethan no le gustaba la idea de pedir ayuda. Por lo menos, no todavía. Luego, escuchó algo que crujía cerca, entre el maíz.

—¿Qué es eso? —susurró mientras sentía que le corría un frío por la espalda.

Entre el maíz apareció un perro rechoncho, marrón y blanco.

El diálogo hace que los personajes parezcan reales y ayuda al desarrollo del cuento.

—Recuerdo haber visto a este perro en la granja de calabazas —dijo Max—. Creo que vive allí. Una sonrisa enorme se extendió en la cara de Max.

—Tengo una idea —dijo—. ¡Ve a casa, muchacho!

Cuando lo dijo, el perro comenzó a ladrar y correr a través del laberinto.

—¡Lo seguiremos! —gritó Max.

Max y Ethan tuvieron que correr realmente rápido para seguir de cerca al perro. Primero, un giro a la izquierda y un giro a la derecha. Luego, otra vez a la derecha. Después, a la izquierda. Finalmente, salieron del laberinto a un campo abierto lleno de calabazas. El perro ladraba y retozaba a su alrededor.

Final
Muestra cómo los personajes resolvieron el problema.

—¡Uf! —dijo Ethan, que jadeaba y resoplaba por haber corrido tan rápido—. Realmente pensé que estábamos perdidos.

—Yo también —dijo Max—. Y te confieso que estaba asustado.

—También yo, hasta que apareció el perro —asintió Ethan—. No le diré a nadie que nos perdimos si tú no lo haces —sonrió.

—Será nuestro secreto —dijo Max—. ¡Venga esa mano!

Los muchachos se dieron la mano y se dirigieron a su casa.

Cuento de ciencia ficción

Un **cuento de ciencia ficción** es un cuento inventado que tiene lugar en otro tiempo o lugar, por lo general, en el futuro.

Partes de un cuento de ciencia ficción

- Un inicio que presenta los personajes, el escenario y el problema
- Un desarrollo que cuenta qué sucedió en otro tiempo o lugar e incluye algún tipo de ciencia o tecnología
- Un final que muestra cómo se resolvió el problema

Inicio
Presenta los personajes, el escenario y el problema.

Desarrollo
Cuenta qué sucedió e incluye ciencia, tecnología y, a veces, seres de otro mundo.

¡Zas! 3012

Todo comenzó cuando mi hermano de cinco años hizo batidos de leche de fantasía en nuestra cocina. Mientras yo fingía beber uno, mi hermano dijo: —Soy un mago y zas, te has ido. Y de pronto, zas, me fui. Bueno, realmente no me había ido. Era invisible y estaba de pie en la cocina en el año 3012. La fecha brillaba en un calendario de alta tecnología en la pared de la cocina.

Nuestra cocina parecía algo de Marte. Brillaban luces rojas. Las cosas giraban y zumbaban. Me sentía raro, todos estos extraños artefactos me miraban. Realmente quería irme a casa. Pero esperen. Estaba en casa, o algo parecido.

Justo después, la puerta trasera se abrió. Una señora y un niño entraron. Sus caras eran plateadas, verdes y feas.

—¡Extraterrestres! —balbuceé y me escondí debajo de la mesa de la cocina. Me olvidé de que era invisible. La mamá extraterrestre presionó un botón en la pared. Un robot salió del armario.

—Provisiones —dijo la mamá. Luego el robot se escabulló

Otras palabras de transición
Primero
Luego
Después de eso
Durante
Después de un tiempo
Más tarde
Al final

afuera y volvió con tres bolsas plateadas llenas de alimentos. Desempacó y puso los alimentos fríos en una caja alta y negra de la cocina. Cuando el robot abrió la caja, en el interior brillaba un violeta extraño, y la caja dijo: —Leche, queso, mantequilla. Otra vez olvidaste los huevos.

Este párrafo muestra el clímax o el punto culminante del cuento.

Mientras tanto, el niño extraterrestre se sentó en el piso de la cocina al lado de la mesa donde yo estaba escondido. ¿Era mi imaginación o me estaba mirando? ¿Podía verme? No sabía si gritar o llorar. Quería estar de nuevo en mi vieja cocina familiar. Quería a mi mamá anterior y a mi hermanito anterior.

El niño extraterrestre me observó con ojos negros y fríos. Esperen. Tenía un palo en la mano. Era verde, brillaba y destellaba. Me señaló con el palo. ¡Oh, no! Me miraba.

—Soy el mago —me dijo— y zas, tú te has ido.

Parpadeé y luego abrí los ojos. Estaba de vuelta en la cocina actual, todavía fingía beber la leche batida falsa de mi hermano.

Final Cuenta cómo se resolvió el problema.

—Alex, ¿puedes verme? —le pregunté. Mi hermano me miró con curiosidad.

—Por supuesto que puedo verte. ¿Cuál es tu problema?

Observa cómo el autor de este cuento:

- Incluye objetos y personas futuristas en el cuento.

  La fecha brillaba en un calendario de alta tecnología en la pared de la cocina.

  Sus caras eran plateadas, verdes y feas.

  … en el interior brillaba un violeta extraño y la caja dijo: —Leche, queso, mantequilla. Otra vez olvidaste los huevos.

- Muestra cómo se siente el personaje principal.

  Me sentía raro, todos estos extraños artefactos me miraban.

  No sabía si gritar o llorar.

Obra de teatro

Una **obra de teatro** es un relato que se cuenta mediante el diálogo y la acción. El escritor inventa las conversaciones y las acciones de los personajes. Luego, personas reales leen y actúan las partes de los personajes.

Partes de una obra de teatro

- Un inicio, un desarrollo y un final
- Personajes que tienen que resolver un problema o conflicto
- Una trama, o serie de sucesos, que conforman el relato

¿Quién se robó los arándanos?

Lista de personajes y una descripción breve de cada uno	**Personajes:** JAKE, 11 años MARI, su hermana adolescente MAMÁ, su madre CHECKERS, el perro de la familia
El lugar donde comienza la obra	**Escenario:** La cocina de la familia en el desayuno

ACTO I

(*Jake y Mari están sentados a la mesa de la cocina comiendo cereales. Hay una caja de cereales en la mesa. Mari se levanta, abre el refrigerador y mira adentro*).

MARI: Oye, ¿dónde están todos los arándanos?

JAKE (*sin interés, levanta la caja de cereales y comienza a leer el reverso*): ¿Cómo puedo saberlo?

MARI (*cierra la puerta del refrigerador, claramente molesta con su hermano menor*): Sabes qué les pasó, ¿verdad? Sé que lo sabes, ¡porque te encantan los arándanos! (*Se pone de pie con las manos en la cadera*).

JAKE (*la mira, irritado*): No me comí los estúpidos arándanos. Quizás Freddie se los comió.

Inicio Presenta el problema o el conflicto.

Desarrollo Muestra cómo los personajes intentan resolver el problema o el conflicto.

Las palabras entre ( ) ayudan a los actores a saber cómo actuar y decir sus partes.

Usa *cursiva* cuando quieras que los actores enfaticen una palabra.

MARI (*se sienta a la mesa*): No culpes a Freddie. Con dieciséis meses, apenas camina, mucho menos abrirá el refrigerador y robará una bolsa de plástico llena de arándanos.

JAKE (*protestando*): No estés tan segura. Se mete en todo. Fíjate si se puso azul.

MARI: ¡Ve *tú*!

JAKE: ¡No, ve *tú*!

MARI (*enojada, sale de escena un momento, luego regresa a su lugar en la mesa*): Freddie está dormido en su hamaca y no está azul. Sigo pensando que *tú* te comiste los arándanos.

JAKE (*con fuerza*): ¡No es cierto! Deja de culparme por algo que no hice.

MAMÁ (*entra rápido en escena*): ¿Por qué pelean?

MARI: Jake se comió todos los arándanos y yo quería ponerle a mis cereales.

JAKE: Digo la verdad, mamá. No me comí sus tontos arándanos.

MAMÁ: Yo saqué la bolsa de arándanos del refrigerador hace una media hora y la puse en la mesada. (*Mira a Jake con desconfianza*). Jake, ¿estás *seguro* de que no te comiste los arándanos?

(*Jake sacude la cabeza y suspira. Checkers irrumpe en la cocina. Corre en círculos, persiguiéndose la cola. Jake ve que la cara del perro está teñida de azul*).

Final
Muestra cómo se resuelve el problema o el conflicto.

JAKE: Miren a Checkers. *Él* se comió los arándanos.

MARI (*mira a Jake con culpa*): Perdón por culparte.

MAMÁ (*hablándole a Checkers*): ¿Qué debemos hacer con nuestro perrito azul?

JAKE (*con una sonrisa traviesa*): ¡Anímenlo!

(*Mamá y Mari refunfuñan*).

Ensayo de opinión

Un **ensayo de opinión** explica el punto de vista del escritor acerca de un tema. También incluye razones para apoyar la opinión del escritor.

Partes de un ensayo de opinión

- Una introducción que expresa claramente la opinión del escritor
- Un desarrollo que apoya la opinión con razones
- Una conclusión que resume la opinión

Introducción
Enuncia la opinión con claridad.

Desarrollo
Tiene párrafos que enuncian datos y ejemplos para apoyar la opinión.

Palabras de transición
La mejor razón
Otra razón
Además
En conclusión

Creo que los zoológicos deberían ser ilegales

A muchas personas les gustan los zoológicos, pero creo que deberían ser ilegales. Los animales salvajes sufren en los zoológicos. Necesitan vivir en estado silvestre en sus ambientes naturales en lugar de estar encerrados en jaulas y corrales.

La mejor razón por la que los zoológicos deben ser ilegales es que los animales grandes, como los elefantes, no viven bien en los zoológicos. La esperanza de vida de los elefantes en los zoológicos es mucho menor que la de los elefantes en la naturaleza. Los elefantes de los zoológicos mueren porque no tienen suficiente espacio para moverse. Comen mucho, pero no hacen suficiente ejercicio. Entonces tienen sobrepeso. Los elefantes con sobrepeso pueden morir de ataques al corazón, igual que las personas con sobrepeso. En la naturaleza, los elefantes tienen millas y millas de espacio para moverse, por tanto, queman su grasa adicional.

Otra razón es que algunos animales se aburren tanto que desarrollan una enfermedad llamada zoocosis. Esto significa que hacen lo mismo una y otra vez. Algunos ejemplos de zoocosis incluyen que los animales muerden los barrotes de su jaula, se lamen mucho, menean la cabeza o caminan hacia adelante y atrás en círculos. La gente se ríe y cree que los animales se hacen los graciosos. Sin embargo, estos pobres animales están volviéndose locos por estar encerrados.

Además, imaginen lo solos que se sentirían si provinieran de una familia numerosa y luego, de repente, son hijos únicos. Ni siquiera estarían sus padres ya. Así deben sentirse algunos animales en los zoológicos. Un zoológico puede ser un lugar muy solitario para los animales que viven en manadas en la naturaleza. Piensen en ese rinoceronte del zoológico, o ese elefante, esa jirafa o ese lobo. El instinto les dice a estos animales que deben ser parte de una familia numerosa. En lugar de eso, viven solos en un zoológico.

Conclusión
Vuelve a enunciar la opinión con diferentes palabras.

En conclusión, creo que los animales salvajes deben estar donde pertenecen, en estado silvestre, en su hábitat natural. Podríamos aprender mucho más acerca de estos animales observándolos en cámaras web o en documentales. Y lo mejor de todo es que los animales serían más felices, sanos y vivirían más si los zoológicos se declararan ilegales.

Observa cómo el autor de este ensayo:

- Usó datos y ejemplos para apoyar sus razones.

  La esperanza de vida de los elefantes en los zoológicos es mucho menor que la de los elefantes en la naturaleza.

  Algunos ejemplos de zoocosis incluyen que los animales muerden los barrotes de su jaula, se lamen mucho, menean la cabeza o caminan hacia adelante y atrás en círculos.

- Usó palabras de transición para pasar efectivamente de un párrafo al siguiente. Otras palabras de transición que pudo haber usado incluyen:

  Otro problema, segundo, por último

Ensayo persuasivo

El propósito de un **ensayo persuasivo** es convencer a los lectores para que estén de acuerdo con la opinión del escritor y hagan algo en particular.

Partes de un ensayo persuasivo

- Una introducción que describe el tema y expresa claramente la opinión del escritor
- Varios párrafos centrales que ofrecen una razón específica y detalles para apoyar la opinión
- Una conclusión que incita a los lectores a tomar medidas

Come tus repollitos de Bruselas

Inicio
Describe el tema y contiene el enunciado de opinión.

¿Comes repollitos de Bruselas? Algunos detestan los repollitos de Bruselas, esas verduras que parecen repollos. No saben que los repollitos de Bruselas son sanos y deliciosos. Todos deberían darles una oportunidad.

Para empezar, no es necesario que los repollitos de Bruselas sepan amargo. Si se tuestan en el horno en lugar de hervirlos, se ponen crujientes por fuera y saben dulce. Puedes ponerles queso rayado para que tengan aún mejor sabor. Otra manera de hacer que los repollitos de Bruselas sepan bien es cortarlos por la mitad y saltearlos con otros tipos de verduras. Agrega unos trozos de pollo y unos cuantos anacardos para saltear, y te encantará el sabor. Todos los que detestan los repollitos de Bruselas deben probarlos preparados de distintas maneras.

Desarrollo
Tiene párrafos que comienzan con una razón principal e incluye detalles para apoyarla.

Otras palabras de transición
Por ejemplo
Por supuesto
Como resultado
En primer lugar
Adicionalmente

Además, los repollitos de Bruselas te hacen bien. En 2010, un estudio del gobierno mostró que dos tercios de los estadounidenses tienen sobrepeso. Los repollitos de Bruselas tienen poca grasa y calorías. Hay solo 50 calorías en una taza llena.

También, están llenos de fibras y vitamina A, que es buena para la vista, y vitamina C, que previene los resfríos. Las personas que detestan los repollitos de Bruselas tienen que admitir que son buenos para su salud.

Por lo general, la razón más importante viene en último lugar.

Lo más importante es que de los repollitos de Bruselas te hacen tan bien que son conocidos como un superalimento. Los científicos los estudian para saber cómo pueden ayudar a combatir ciertas enfermedades. Algunos científicos creen que el sulforafano, una sustancia química que se encuentra en los repollitos de Bruselas, puede ayudar a prevenir el cáncer. Lo mejor de todo es que dicen que no se deben hervir porque esto hace que el sulforafano sea menos eficaz. A los que detestan los repollitos de Bruselas les gustará esta noticia porque las coles hervidas no saben muy bien.

Conclusión
Resume la opinión y hace un llamado para que los lectores actúen.

Los repollitos de Bruselas pueden ser deliciosos si los preparas de la manera correcta. Son excelentes para tu salud. Y debes admitir que, en lo que concierne a las verduras, estos repollitos son realmente bonitos. Entonces, aunque los detestes, debes estar de acuerdo en darles otra oportunidad.

Observa cómo el autor de este ensayo:

- Incluyó un enunciado de opinión claro en el primer párrafo.

  Todos deberían darles una oportunidad.

- Agregó datos para apoyar su opinión.

  En 2010, un estudio del gobierno mostró que dos tercios de los estadounidenses tienen sobrepeso.

- Terminó incitando a los lectores a tomar medidas.

  Entonces, aunque los detestes, debes estar de acuerdo en darles otra oportunidad.

Respuesta a una obra de teatro

Cuando escribe una **respuesta a una obra de teatro**, el escritor puede elegir reseñar la obra en su conjunto o escribir sobre una parte de ella: el tema, la trama, un personaje preferido, el diálogo, el escenario o el vestuario.

Partes de una respuesta a una obra de teatro

- Una introducción que da un vistazo general de la trama de la obra de teatro
- Un desarrollo que reseña la obra de teatro completa o un elemento específico
- Una conclusión que incluye los sentimientos del escritor con respecto a la obra de teatro o la parte elegida de la obra

Introducción
Incluye una breve descripción de la trama de la obra de teatro.

Organización
Primer fantasma
Segundo fantasma
Último fantasma

Desarrollo
Reseña la obra de teatro completa o uno de sus elementos.

Los detalles vívidos ayudan a los lectores a imaginar el personaje.

Respuesta a "Un cuento de Navidad"

La semana pasada, mi familia y yo presenciamos la obra de teatro escolar "Un cuento de Navidad", de Charles Dickens. La obra mostraba cómo un hombre anciano y malvado llamado Ebenezer Scrooge se volvió tan amable como egoísta había sido.

En la obra, tres fantasmas visitan a Ebenezer Scrooge en su habitación en diferentes momentos de la noche. Los fantasmas fueron mis personajes preferidos de la obra. Cada uno era distinto.

Un niño de poca estatura interpretó al primer fantasma, el Fantasma de las Navidades Pasadas. No pude distinguir si era un niño o una niña, o si se suponía que el fantasma era un niño o un adulto. Creo que no saberlo hizo que el personaje fuera más interesante. Me hizo preguntarme quién era el fantasma y de dónde provenía. Este fantasma era amable y tranquilo. Llevó al anciano egoísta Ebenezer Scrooge, que odiaba la Navidad, de vuelta a su pasado. Le mostró cómo había vivido desde la infancia hasta el presente.

El Fantasma de la Navidad Presente, el segundo fantasma, era un actor grande y alto vestido con una corona y una túnica verde de rey. Tenía una voz potente que era estridente y alegre.

Cuando apareció en el escenario, se paró junto a una mesa de banquetes cargada con deliciosas comidas de fiesta. Se podían escuchar los "ohh" y "ahh" del público por su aspecto de rey. Este fantasma le mostró a Scrooge cómo celebraban y disfrutaban la Navidad otras personas del lugar donde vivía. Me agradó porque era enorme tanto en tamaño como en personalidad.

Las comparaciones se usan para ayudar a los lectores a imaginarse a los personajes.

El último fantasma, el Fantasma de las Navidades Futuras, iría mejor en una obra de teatro de Halloween que en una de Navidad. Este fantasma era muy aterrador. Era alto y usaba una túnica negra con capucha. A diferencia de los otros fantasmas, nunca mostró la cara ni habló. La iluminación escénica era azul y espeluznante, lo que hizo que el fantasma fuera aún más aterrador. El fantasma le mostró a Ebenezer el futuro y cómo no le agradaba a nadie por ser tan malvado. Incluso llevó a Scrooge a un cementerio y le mostró una tumba que tenía su nombre.

Los tres fantasmas fueron mis personajes preferidos porque ayudaron a Scrooge a darle un giro a su vida. Cuando se vio a sí mismo como niño y luego vio cómo se había vuelto de malvado y egoísta, Scrooge quiso mejorar. Me gustó que cambiara. Lo mejor fue que se volvió un hombre compasivo y servicial.

Conclusión
Resume todo y muestra cómo se sintió el escritor.

Observa cómo el autor de esta respuesta:

- Escribió acerca de un solo elemento de la obra de teatro: sus personajes preferidos, los fantasmas.

  Otros elementos sobre los que podría haber escrito son:

  el escenario, donde ocurre la obra de teatro

  el diálogo y cómo las palabras de los personajes cobraron vida en el escenario

- Concluyó con una explicación de sus sentimientos acerca de los personajes.

  Los tres fantasmas fueron mis personajes preferidos porque ayudaron a Scrooge a darle un giro a su vida.

Respuesta a la poesía

Cuando responde a un **poema**, el escritor puede escribir sobre el tipo de poema, la forma en que el poeta usa palabras y el significado del poema o cómo hizo sentir al escritor.

Partes de la respuesta a un poema

- Una introducción que nombra el poema y su autor, y describe la forma del poema
- Un desarrollo que describe la forma especial en que el poeta usó las palabras
- Una conclusión que cuenta qué significa el poema y cómo se sintió el escritor con respecto a este

"Formación del ayer": una respuesta

Introducción
Nombra el poema y el poeta y describe la forma del poema.

El poema "Formación del ayer: Un abecé de los inmortales del béisbol" fue escrito por el poeta Ogden Nash. Es un poema basado en letras del abecedario. Este poema es diferente a otros poemas con letras del abecedario que tienen una palabra o una línea de palabras para cada letra del abecedario. En cambio, Ogden Nash escribió un poema con rima de cuatro líneas por cada letra del abecedario.

Desarrollo
Explica la forma especial en que el poeta usó las palabras.

Primero, el Sr. Nash eligió el nombre de un famoso beisbolista por cada letra del abecedario. El apellido del jugador coincide con una letra del abecedario, como "A" para Grover Cleveland Alexander, "B" para Roger Bresnahan y "C" para Ty Cobb. Luego, escribió una rima de cuatro líneas sobre cada jugador. Su poema fue especial porque, en realidad, eran muchos poemas cortos que formaban un poema largo.

Algunos de los minipoemas cuentan por qué es bueno un jugador o cómo jugó el juego. Otros cuentan cómo Ogden Nash se sentía con respecto al jugador. Incluso se incluyó él mismo en el poema para la letra "I". Se describió él mismo como "un fanático incurable".

Cada párrafo central cuenta una cosa sobre el poema y lo respalda con datos, ejemplos o detalles.

La primera línea de cada minipoema comienza con una letra del abecedario y el nombre de un beisbolista, A es para Alex, B es para Bresnahan, C es para Cobb. La segunda y la cuarta línea siempre terminan con una rima, como nacido-trigo, amante-guante y fiel-mujer.

En solo unas palabras, el Sr. Nash muestra cómo se ven algunos de los jugadores. Describe cosas como la mandíbula de Johnny Evers, un lanzador que arroja la pelota a Roger Hornsby, y el incansable pie derecho de Mel Ott.

Conclusión
Cuenta cómo el escritor se sintió con respecto al poema o qué significa el poema.

Como fanático del béisbol, me encantó este poema de Ogden Nash. Algunas de sus rimas me hicieron reír. Muchas otras me enseñaron cosas que no sabía sobre estos beisbolistas veteranos. Especialmente me gustó cómo me ayudaron sus palabras a imaginar a estos jugadores en acción.

Observa cómo el autor de esta respuesta:

- Dio ejemplos específicos para explicar cómo el poeta usa las palabras.

  El apellido del jugador coincide con una letra del abecedario, como "A" para Grover Cleveland Alexander, "B" para Roger Bresnahan y "C" para Ty Cobb.

- Terminó la respuesta diciendo cómo se siente sobre el poema de Ogden Nash. Otras formas en las que podría haber terminado la respuesta son decir qué cree él que significa el poema o explicar por qué cree que Ogden Nash escribió el poema:

  El poema de Ogden Nash hace referencia a que el béisbol ha tenido muchos jugadores buenos. Creo que Ogden Nash escribió este poema porque realmente le encanta el béisbol.

Respuesta a un autor

La **respuesta a un autor** es un ensayo sobre los escritos de un autor específico. El escritor habla sobre las obras del autor y también incluye sus propios sentimientos.

Partes de una respuesta a un autor

- Una introducción que describe al autor
- Un desarrollo que cuenta por qué al escritor le gustan las obras del autor
- Una conclusión que resume la opinión del escritor sobre el autor

Roald Dahl

Introducción
Describe al autor.

Roald Dahl es uno de mis autores preferidos. Su primer nombre es un poco extraño. Es Roald, no Ronald. Sus libros también son un poco extraños y es por eso que me gustan. Mis preferidos son Matilda y Charlie y la fábrica de chocolate.

Una cosa que me gusta de Roald Dahl es la forma en que nombra a sus personajes. Los nombres que elige hacen reír a los lectores. Por ejemplo, el apellido de Matilda es Wormwood (Ajenjo). Iba a una escuela llamada Crunchem Hall. Dos maestras de la escuela se llaman señorita Honey (Miel) y señorita Trunchbull (Tronchatoro), y sus nombres se corresponden con sus personalidades.

Desarrollo
Da razones por las que al autor le gusta el escritor e incluye detalles y ejemplos.

En Charlie y la fábrica de chocolate, encontrarás a Charlie Bucket (Balde), Augustus Gloop (Bobo), Willy Wonka y un grupo de pequeños hombres llamados Oompa-Loompas. Casi todos los personajes de los libros de Roald Dahl tienen nombres divertidos.

Otras palabras de transición
La primera
La próxima
La última
Finalmente
Además
Además de
Por último

Otra cosa que me gusta de Roald Dahl es que sus escritos incluyen muchas descripciones que ayudan a los lectores a imaginar cómo se ven el escenario y los personajes. En Charlie y la fábrica de chocolate, Roald Dahl describe un salón donde se mezcla el chocolate, pero parece un jardín. Allí todo está hecho de dulces e incluso pone un lago de chocolate en la escena. En <u>Matilda</u>, logra que los superpoderes de Matilda sean creíbles. Puedes imaginarla cuando mira fijamente un vaso de agua y hace que se vuelque o cuando hace que un pedazo de tiza escriba solo en el pizarrón.

Lo que más me gusta de los escritos de Roald Dahl es que pueden ser espeluznantes. A algunos niños no les gustan sus libros por eso, pero a mí sí. Nunca sabes lo que sucederá. Quizás algo común se convierte en algo extraño, como un melocotón que crece como una casa. Puede aparecer un gigante y empujar con el dedo la ventana o quizás sale un tiburón de la nada y ataca. Nunca lo sabes con Roald Dahl.

Conclusión
Resume los sentimientos del escritor sobre el autor.

Roald Dahl murió hace un tiempo. Desearía que todavía estuviera aquí para escribir más cuentos, pero nunca voy a cansarme de sus libros. He leído algunos de ellos más de una vez. En mi opinión, Roald Dahl es uno de los mejores autores que ha existido.

Observa cómo el autor de esta respuesta:

- Incluyó varias razones válidas por las que le gusta este autor.

  Una cosa que me gusta de Roald Dahl es la forma en que nombra a sus personajes.

  Otra cosa que me gusta de Roald Dahl es que sus escritos incluyen muchas descripciones...

  Lo que más me gusta de los escritos de Roald Dahl es que pueden ser espeluznantes.

- Organizó sus razones colocando la más importante al final.

Reseña de un libro

Una **reseña de un libro** cuenta sobre qué trata un libro sin revelar el final. También explica los sentimientos del escritor sobre el libro.

Partes de la reseña de un libro

- Una introducción que nombra el libro
- Un desarrollo que cuenta sobre qué trata el libro y explica su tema o mensaje
- Una conclusión que revela cómo se sintió el escritor con respecto al libro

Introducción
Nombra el libro.

Desarrollo
Cuenta sobre qué trata el cuento sin revelar el final.

La princesa ligera

<u>La princesa ligera</u> es un cuento de hadas de George MacDonald. Es un cuento muy antiguo, escrito en 1864. Si no lo has leído, entonces deberías hacerlo porque es divertido. Es un cuento de hadas para niños de todas las edades.

Un rey y una reina desean mucho tener un hijo y, después de un tiempo, tienen una bebé. Los problemas comienzan en el bautizo de la bebé con la hermana malvada del rey, que es una bruja. Está realmente enojada porque el rey no la invitó al bautizo, pero va de todas maneras. La malvada mujer hechiza a la bebé quitándole su sentido de gravedad. Esto significa que la princesa ligera flota como un globo todo el tiempo. Cada vez que flota hasta el techo, alguien tiene que jalarla hacia abajo. A veces, el viento la aleja.

Junto con su problema de gravedad, la princesa ríe nerviosamente todo el tiempo. No puede tomar nada seriamente y no puede llorar. Sus padres quieren que deje de flotar y de reírse, pero todo lo que hacen falla. Finalmente, la princesa encuentra un lugar especial donde no flota y luego conoce a un príncipe. ¿Será capaz de deshacer el hechizo?

Desarrollo
Cuenta sobre el tema o mensaje del libro.

La princesa ligera es un cuento divertido y a veces aventurado que enseña una lección. Como dice el famoso dicho: "Si no puedes en el primer intento, intenta nuevamente". Todos siguen intentando devolverle a la princesa su sentido de gravedad. ¿Tendrán éxito? Y si es así, ¿cómo lo harán?

Conclusión
Cuenta qué le gustó al escritor sobre el libro.

Me gusta La princesa ligera porque los personajes y la trama son muy divertidos. El cuento puede encontrarse como libro de cuentos ilustrado, pero leí el libro con capítulos que no tiene ilustraciones. Me gustó hacerlo porque me dejó imaginar a la princesa flotando, riendo e irritando a todos en el reino. También disfruté los nombres de los personajes. La hermana malvada del rey se llama princesa Makemnoit y los dos sabios del cuento se llaman Hum-Drum y Kopy-Keck. Más que nada, me gustó la forma en que termina el cuento. Cuando lo leas, sé que también te gustará.

Observa cómo el autor de esta reseña:

- No revela el final del cuento

   Finalmente, la princesa encuentra un lugar especial donde no flota y luego conoce a un príncipe. ¿Será capaz de deshacer el hechizo?

- Animó a sus lectores a leer el libro

   Más que nada, me gustó la forma en que termina el cuento. Cuando lo leas, sé que también te gustará.

Discurso persuasivo

Un **discurso persuasivo** es bastante parecido a un ensayo persuasivo. Tiene las mismas partes pero se dice en voz alta. Se escribe para un público muy específico y se usa el lenguaje que le interese a ese grupo.

Partes de un discurso persuasivo

- Una introducción que capta la atención de los oyentes e incluye un enunciado de opinión
- Un desarrollo con varias razones válidas que apoyan la opinión
- Una conclusión que vuelve a presentar la opinión y llama a los oyentes a la acción

Introducción
Capta el interés de los oyentes e incluye un enunciado de opinión claro.

Desarrollo
Establece datos, ejemplos y detalles para apoyar la opinión.

Cada párrafo trata sobre una razón de apoyo.

Los gatos son más inteligentes que los perros

¿Eres amante de los perros o de los gatos? Si eres amante de los perros, entonces probablemente le hayas enseñado a tu perro uno o dos trucos. Incluso puedes pensar que tu perro es inteligente. Bueno, estoy aquí para decirte que los gatos son más inteligentes que los perros.

Primero, veamos los datos científicos. Las investigaciones muestran que los gatitos tienen 300 millones de neuronas en la parte del razonamiento de su cerebro. Los perros solo tienen 160 millones. Los científicos de la Universidad de Medicina Veterinaria de Tufts dicen que la parte del razonamiento del cerebro de un gato está diseñada como el cerebro humano. Incluso funciona como el de un humano.

Probablemente estés pensando: *Pero Marcus, mi perro realmente es inteligente porque me obedece y hace trucos. No puedes enseñarle a un gato a obedecer.* Y esa es otra razón por la que los gatos son más inteligentes. Un gato hace lo que quiere cada vez que quiere. Sabe perfectamente bien lo que quieres decir cuando dices: "No hagas eso". Pero un gato encontrará la forma de pasar inadvertido y hacer exactamente lo que no quieres que haga. En otras palabras, un perro te hace bastante caso porque quiere

Otras palabras de transición
En segundo lugar
Finalmente
Después
Después de eso
Durante
Después de un tiempo
Mientras tanto
Más tarde
Por último

La razón más importante viene al final.

complacerte y no puede pensar por sí mismo. Pero el gato es más astuto que tú todo el tiempo.

¿Todavía no crees que los gatos sean más inteligentes que los perros? Entonces considera la prueba más importante. Cuando un gatito tiene solo semanas de vida, su madre lo toma por la parte posterior de su cuello y lo carga hasta la caja de arena para gatos. Al momento que adoptas un gatito, ya sabe donde está la caja y cómo usarla. En comparación, la madre de un cachorrito no le enseña nada sobre cómo usar el baño. Si adoptas un cachorrito, puedes esperar encontrar algunas sorpresas no muy agradables en el piso. Y cuando el perro crece, usa el baño afuera y generalmente lleva la suciedad a la casa. Por eso, ¿qué animal es más inteligente cuando se refiere a usar el baño? Los gatos, sin duda.

Conclusión
Vuelve a presentar la opinión usando diferentes palabras, resume las razones y llama a la audiencia a la acción.

En conclusión, a diferencia de los perros, el cerebro de un gato tiene más neuronas y funciona como el de un ser humano. Y a diferencia de los perros, los gatos piensan en forma independiente. Hacen lo que *ellos* creen que es mejor. Finalmente, los gatos conocen la mejor forma de usar el baño. Aunque no lo creas, a algunos se les ha enseñado incluso a usar el inodoro y tirar de la cadena. Entonces, aunque los perros sean lindos y los mejores amigos del hombre, deberías aceptar que los gatos son más inteligentes que los perros.

Observa cómo el autor de este discurso:

- Pensó en su público, sus compañeros, y escribió un discurso que ellos disfrutaran.

- Le habló directamente a su público.

  ¿Eres amante de los perros o de los gatos?

  ¿Todavía no estás convencido de que los gatos son más inteligentes que los perros?

- Usó lenguaje casual que sonó de la misma forma que cuando hablan sus compañeros.

  Probablemente estés pensando: Pero Marcus, mi perro realmente es inteligente…

  …un perro te hace bastante caso…

Rótulos y pies de foto

Un **rótulo** explica qué es una foto y un **pie de foto** agrega información a una foto. Un rótulo tiene una o varias palabras. Un pie de foto solo incluye una o más oraciones completas.

Los rótulos pueden ser una palabra

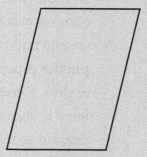

Paralelogramo

o varias palabras.

Estudiantes del mes

Un rótulo es una palabra o frase

Pueden incluir o no un verbo.

Correr una carrera

Los pies de foto explican una idea que se muestra en una foto.

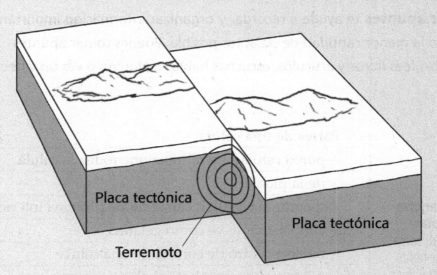

Placa tectónica

Placa tectónica

Terremoto

Estas palabras rotulan partes de la foto.

La corteza terrestre está compuesta por capas de roca. Una falla se forma cuando una fuerza, como tensión o compresión, crea presión y causa una fisura en las rocas.

Esta parte es el pie de foto.

Un pie de foto tiene oraciones completas.

Los pies de foto pueden agregar información interesante a una foto.

Este es un pie de foto.

Los osos polares salvajes prefieren comer focas. Si no pueden encontrar focas para comer, comerán otros mamíferos, aves, peces, huevos, ciertas plantas y bayas.

Estrategias para tomar apuntes

Tomar apuntes te ayuda a recordar y organizar información importante usando la menor cantidad de palabras posible. Puedes tomar apuntes mientras lees libros y artículos, escuchas hablar a alguien o ves un video.

Las **tarjetas de notas** son útiles para tomar notas mientras lees.

Cada tarjeta de notas incluye una idea principal.

Partes de una célula

—pared celular: membrana que rodea la célula de la planta

—membrana celular: capa fina de proteína interior

—citoplasma: se ve como gelatina

—núcleo: centro de control de una célula

—mitocondria: convierte el alimento en energía

—vacuolas: almacenan agua, alimento y desechos

(Células increíbles, por William Parker, pág. 7)

Detalles de apoyo

La fuente donde encontraste la información

Las **tablas de datos** son otra buena forma de tomar apuntes mientras lees.

Una tabla de datos incluye:

Tu nombre y el tema principal

Preguntas con las 5 palabras interrogativas que deseas responder sobre tu tema

Una respuesta breve para cada pregunta

La fuente donde encontraste la información

Se pueden agregar filas y columnas adicionales para incluir más preguntas.

Tabla de datos de tomar apuntes

Tu nombre y tema	Pregunta N.° 1	Pregunta N.° 2	Pregunta N.° 3
Sasha Baker Guerra Civil	¿Por qué se produjo la Guerra Civil?	¿Quién era Ulysses S. Grant?	¿Quién era Robert E. Lee?
Fuente N.° 1 Enciclopedia de Historia Americana, vol. 3	Respuesta a la pregunta N.° 1 de la fuente N.° 1 Esclavitud (págs. 77 a 79)	Respuesta a la pregunta N.° 2 de la fuente N.° 1 Líder del ejército de la Unión (pág. 85)	Respuesta a la pregunta N.° 3 de la fuente N.° 1 Líder del ejército confederado (pág. 86)
Fuente N.° 2 La Guerra Civil, de Lynn Miller	Respuesta a la pregunta N.° 1 de la fuente N.° 2 Estados versus. Derechos federales	Respuesta a la pregunta N.° 2 de la fuente N.° 2 Excelentes capacidades militares (pág. 10)	Respuesta a la pregunta N.° 3 de la fuente N.° 2 Combatiente salvaje (pág. 11)

Tomar bien los apuntes requiere práctica. Cuando lees y escuchas, asegúrate de comprender la información para que tus apuntes sean correctos. Cuando escuchas, permanece concentrado para que escuches todo lo que dice el orador. Mientras más practiques tomar apuntes, más fácil será.

Desarrolla tus destrezas para tomar apuntes

- Presta atención a lo que lees, escuchas o ves.
- Cuando escuchas, escribe rápido pero lo suficientemente claro para que puedas leerlo más tarde.
- Anota solo lo que sea necesario: ideas principales y detalles importantes. No es necesario hacer oraciones completas.
- Usa tus propias palabras. No copies información palabra por palabra de artículos y libros a menos que planees escribir las palabras como una cita en tu escrito.
- Resume cuando hay mucha información.
- Haz dibujos si te ayudan a recordar algo.
- Organiza tu información claramente usando números o palabras de transición como *primero, segundo, tercero.*
- Sé preciso al anotar tus fuentes. Usa el título, el nombre del autor y los números de página donde encontraste la información.
- Repasa tus apuntes inmediatamente después. Arregla cualquier cosa que sea poco clara o difícil de leer.
- Coloca una estrella al lado de las ideas principales o destácalas con un marcador.

Entrada de diario

Cuando escribes una **entrada de diario**, escribes en tu cuaderno sobre lo que quieras, como cosas que has aprendido o cosas que te han sucedido.

Partes de una entrada de diario

- La fecha de la entrada
- Un inicio que presenta el tema
- Un desarrollo que incluye detalles, tus pensamientos y tus sentimientos
- Un pensamiento final

14 de noviembre

Inicio
Cuenta sobre qué trata la entrada.

La gente habla mucho sobre el acoso escolar. Hemos tenido reuniones sobre esto en la escuela. Hay comerciales sobre esto en la televisión. Mis amigos y yo no hemos sufrido acoso ni tampoco acosamos a otros niños. Por eso, para ser honesta, no pienso mucho en eso. Pero hoy todo cambió.

Hay una niña nueva en la otra clase de quinto grado. Su nombre es Olga Pedraza. No la conozco muy bien. Supongo que no sé mucho sobre ninguno de los niños del otro salón de quinto grado. Paso la mayor parte del tiempo con mis amigos de la clase.

Desarrollo
Cuenta lo que sucedió e incluye los pensamientos y los sentimientos del escritor.

Bueno, hoy en el comedor, vi a Olga sentada sola. Probablemente no lo habría notado de no ser porque estaba sola esperando a mi mejor amiga, Sophie. De cualquier manera, Olga estaba sentada en una mesa sola, tomando leche, cuando Anthony Bain, de mi clase, se acercó con un par de chicos. Chocó contra el hombro de Olga realmente fuerte, a propósito. Ella se derramó la leche encima. Luego, él la insultó y se rió.

¡No podía creer lo que veía! ¡Anthony siempre parece tan agradable cuando está con mis amigos y conmigo! Quería acercarme a él y decirle: "Eh, ¿qué crees que estás haciendo?", pero me acobardé.

El diálogo hace que la gente y la situación sean más reales.

Hice lo que pensé que era lo mejor. Le pregunté a Olga si podía sentarme con ella. Pareció sorprendida y un poco asustada. Luego dijo: "Por supuesto". Y cuando Sophie vino, se unió a nosotras.

Olga resultó ser realmente agradable. Ella y su familia recién se mudan aquí desde la ciudad de México, México. Nos contó que hay pirámides no lejos de donde ella vivía. Se llaman Pirámide del Sol y Pirámide de la Luna. Me gustaría verlas algún día. Sophie dijo que a ella también le gustaría.

Al momento en que terminó el almuerzo, éramos amigas de Olga. No podía esperar pasar más tiempo con ella y conocer a su familia.

Final
Muestra cómo finaliza la situación e incluye un pensamiento final.

Mañana, planeo hacer algo valiente. Voy a tener una charla con Anthony Bain sobre el acoso escolar. ¿Quién sabe?, quizás cuando termine de hablar con él, quiera ser amigo de Olga también.

Observa cómo el autor de esta entrada:

- Usó una selección de palabras informales para contar lo que sucedió.

  Paso la mayor parte del tiempo con mis amigos de la clase.

  ...me acobardé.

- Escribió sobre una experiencia significativa.

  Otros temas sobre los que podría haber escrito incluyen:

  Un evento o un concierto al que fue

  Un pasatiempo o su cosa preferida

  Algo que aprendió en la escuela

  Algo que le sucedió

Índice